AF415900

THIRTIES POETS

Selección y traducción de Juan Arabia & Rodrigo Arriagada Zubieta

Thirties Poets - 1a ed. - Ciudad Autónoma de Buenos Aires :

Buenos Aires Poetry, 2021.

250 p. ; 17.78 x 25.4 cm. - (Abracadabra)

Traducción de: Juan Arabia ; Rodrigo Arriagada-Zubieta.

ISBN 978-987-8470-04-7

1. Poesía Inglesa. 2. Poesía Irlandesa.

MacNeice, Louis / Spender, Stephen / Auden, Wystan Hugh, / Day-Lewis, Cecil /

Arabia, Juan, trad. III. Arriagada-Zubieta, Rodrigo, trad.

CDD 821

Traducción: Juan Arabia; Rodrigo Arriagada-Zubieta
Diseño de portada e interiores: Camila Evia

BUENOS AIRES POETRY
editorial@buenosairespoetry.com
www.buenosairespoetry.com

THIRTIES POETS

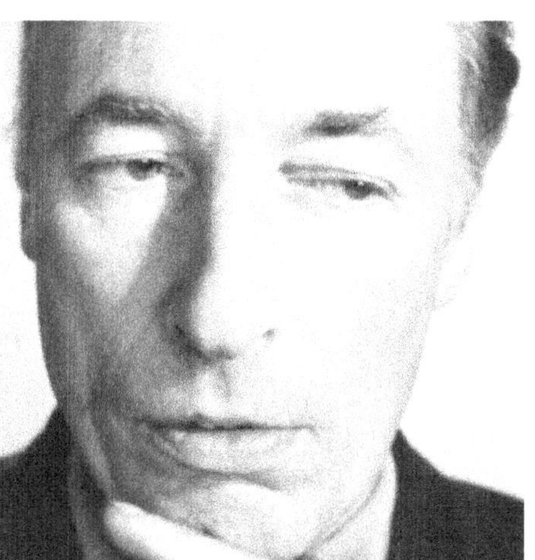

Índice

Prólogo

Se llamó *Thirties* (así como *Auden Group* y *War Generation...*) a un conjunto de poetas británicos de la década del 30 (W. H. Auden, Louis MacNeice, Cecil Day-Lewis, Stephen Spender, entre otros), que asumió un rol activo frente a la contingencia de una sociedad en crisis, con variables colectivas dramáticas y urgentes. Este grupo era, por un lado, epígono de la Primera Guerra Mundial con su saldo de cerca de diez millones de muertos; y, por el otro, antesala de la Segunda con sus siguientes millones de vidas por cobrar. "Los Thirties": autores que hicieron propaganda de una poesía al servicio del socialismo [¡La burguesía tiene que esperar un poco de dolor, una penitencia!]. A. T. Tolley, en *The poetry of the Thirties*, sencillamente decía hacia 1975: "Un cambio que está asociado en los nuevos poetas de los años treinta: la aparición de una preocupación por temas políticos"[1].

1 A. T. Tolley, *The poetry of the Thirties*, London: Gollancz, 1975, p. 15.

Para una mayor indagación crítica se recomienda tanto el libro de Tolley como el estudio de Desmond Ernest Stewart: *Poets of the thirties*, London, Routledge & K. Paul, 1969[2].

Hoy en día, sin embargo, estas conexiones pueden despreciarse. En un homenaje a Louis MacNeice, Auden escribió: "Desde un punto de vista literario, el vínculo periodístico contemporáneo de los nombres de Auden, Day-Lewis, MacNeice, Spender, es y siempre fue absurdo". Y Day-Lewis, en su autobiografía (*The buried day*), fue aún más enfático: "Aunque Auden, Spender, MacNeice y yo nos conocemos personalmente desde mediados de los años treinta, ninguno de nosotros ni siquiera había conocido a los otros tres hasta después de la publicación de *New Signatures* (…). No sabíamos que éramos un movimiento hasta que los críticos nos dijeron que lo éramos"[3].

Sin embargo, no sólo una época los señala. Además de pasar por la Universidad de Oxford, estos poetas sintieron la obligación social de preocuparse por los asuntos públicos, adoptando de esta forma una dicción más cercana para todos, adecuada a la experiencia y representaciones que el mundo le proporcionaba a sus súbditos.

Además, tanto Day-Lewis (que le dedica a Auden su libro *The Magnetic Mountain*, así como el poema "Epilogue: For W. H. Auden") como MacNeice

---

2   Específicamente los capítulos: "C. Day Lewis: Between two worlds", "W. H. Auden: The island and the city" & "Louis MacNeice and Stephen Spender: Sense and sensibility".

3   Cecil Day-Lewis, *The buried day*, New York, Harper, 1960, p. 243.

(en "Postcript to Iceland: for W. H. Auden") así como Spender (en "One More New Bocthed Beginning", donde recuerda a MacNeice) comparten algo más que una etiqueta de la crítica, que se hace notoriamente visible en sus trabajos poéticos: la autorreferencialidad de un específico *proyecto*[4].

Dicho de otro modo, el grupo de Auden, los *Thirties* o bien *War Generation*, puede ser concebido como un movimiento y tendencia efectivos en la vida intelectual y artística, una experiencia social, pero a menudo no reconocida como social (como describe Raymond Williams para llevar a cabo su hipótesis cultural de *structures of felling*) sino privada: "Éstas a menudo son mejor reconocibles en una etapa posterior, cuando han sido (como sucede a menudo) formalizadas, clasificadas y en muchos casos convertidas en instituciones y formaciones"[5].

Estos poetas (pese a sus individualidades) estaban inmersos dentro de una interacción mucho más amplia, como bien anota Desmond Ernest Stewart en materia de industria cultural: "Faber & Faber lideraron el campo en la publicación de muchos de los principales poetas, dramaturgos, arquitectos y cineastas de los años treinta, hasta tal punto que Faber & Faber mismo podría ser considerado como parte del fenómeno de los años 30. En cierto modo esto fue un desarrollo sorprendente, ya que las opiniones políticas de los escritores en muchos casos deben ha-

---

4 Así como el libro *Letters from Iceland*, un libro de viajes en prosa y verso escrito por Auden en coautoría con MacNeice, y publicado en 1937.

5 Raymond Williams, *Marxism and Literature*, Oxford [Eng.]: Oxford University Press, 1977, p. 132.

ber ido directamente en contra de las creencias políticas de T. S. Eliot, la influencia literaria dominante en Faber & Faber durante este período, y de Geoffrey Faber, el fundador de la firma"[6].

Si bien la lista podría haber sido más inclusiva, por ejemplo Tolley recuerda a otros poetas de Oxford como Rex Warner, Norman Cameron o John Betjeman[7], "the big four", como decíamos, forjan una metaliteratura, capaz de ser leída o analizada en conjunto.

Por otro lado, la irrupción de una figura como la de Dylan Thomas (*Eighteen Poems*, 1934), significaría el retorno hacia un tipo de poesía ahistórica e individual, haciendo notable el retorno de otro tipo de *formaciones*.

Juan Arabia & Rodrigo Arriagada Zubieta

6 Desmond Ernest Stewart, *Poets of the thirties*, London, Routledge & K. Paul, 1969, p. 62.

7 Tolley cita a muchos otros poetas representativos de los años 30: "However, the list of poets usually thought of when the thirties are mentioned —C. Day Lewis, W. H. Auden, Stephen Spender, Louis MacNeice, John Lehmann, Geoffrey Grigson, William Empson, Dylan Thomas, George Barker, David Gascoyne— attests to the way in which certain young writers who were at Oxford and Cambridge...".

THIRTIES POETS

W. H. Auden

Wystan Hugh Auden nació en York, Inglaterra, el 21 de febrero de 1907. Se mudó a Birmingham durante la infancia y se educó en Christ Church, Oxford. Cuando era joven, recibió la influencia de la poesía de Thomas Hardy y Robert Frost, así como de William Blake, Emily Dickinson, Gerard Manley Hopkins y del inglés antiguo. En Oxford, su precocidad como poeta se hizo evidente de inmediato, y formó amistad de por vida con dos compañeros escritores, Stephen Spender y Christopher Isherwood.

En 1928, su colección *Poems* se imprimió de forma privada. Pero no fue hasta 1930 cuando se publicó otra colección titulada *Poems* (aunque su contenido era diferente), año en el que Auden se estableció como la voz principal de una nueva generación. Desde entonces, ha sido admirado por su virtuosismo técnico insuperable y su capacidad para escribir poemas en casi todas las formas de verso imaginables; la incorporación en su obra de la cultura popular, la actualidad y el habla vernácula.

Tenía un ingenio notable y a menudo imitaba los estilos de escritura de otros poetas como Emily Dickinson, W. B. Yeats y Henry James.

Auden visitó Alemania, Islandia y China, sirvió en la Guerra Civil española y en 1939 se mudó a los Estados Unidos, donde conoció a su amante, Chester Kallman, y se convirtió en ciudadano estadounidense. Sus propias creencias cambiaron radicalmente entre su carrera juvenil en Inglaterra, cuando era un ardiente defensor del socialismo y del psicoanálisis freudiano, y su fase posterior en EE. UU., cuando su preocupación central se volcó sobre el cristianismo y la teología de los teólogos protestantes modernos.

Escritor prolífico, Auden fue a su vez un destacado dramaturgo, libretista, editor y ensayista. Generalmente considerado el mayor poeta inglés del siglo XX, su obra ha ejercido una gran influencia en las generaciones sucesivas de poetas de ambos lados del Atlántico.

Durante sus últimos años, se desempeñó como canciller de la Academia de Poetas Americanos (*Academy of American Poets*), entre 1954 y 1973, y dividió la mayor parte de la segunda mitad de su vida entre residencias en la ciudad de Nueva York y Austria. Murió en Viena el 29 de septiembre de 1973.

SONG: LET A FLORID MUSIC PRAISE

Let the florid music praise,
  The flute and the trumpet,
Beauty's conquest of your face:
In that land of flesh and bone,
Where from citadels on high
Her imperial standards fly,
  Let the hot sun
  Shine on, shine on.

O but the unloved have had power,
  The weeping and striking,
Always; time will bring their hour:
Their secretive children walk
Through your vigilance of breath
To unpardonable death,
  And my vows break
  Before his look.

CANCIÓN: DEJA QUE UNA FLORIDA MÚSICA ALABE

Deja que una florida música alabe,
  la flauta y la trompeta,
la belleza conquistada por tu rostro:
en esa tierra de carne y hueso,
donde desde alzadas fortalezas
sus imperiales estandartes vuelan,
  deja al cálido sol
  brillar, brillar.

Oh, pero los no amados han tenido poder,
  el llanto y la notoriedad,
siempre; el tiempo llegará a su hora:
sus hijos silenciosos caminan
por la vigilia de tu aliento
hacia la muerte imperdonable,
  y mis votos se rompen
  antes que su mirada.

DEAR, THOUGH THE NIGHT IS GONE

Dear, though the night is gone,
Its dream still haunts to-day
That brought us to a room
Cavernous, lofty as
A railway terminus,
And crowded in that gloom
Were beds, and we in one
In a far corner lay.

Our whisper woke no clocks,
We kissed and I was glad
At everything you did,
Indifferent to those
Who sat with hostile eyes
In pairs on every bed,
Arms round each other's necks,
Inert and vaguely sad.

O but what worm of guilt
Or what malignant doubt
Am I the victim of;
That you then, unabashed,

AMOR, AUNQUE SE HA IDO LA NOCHE

Amor, aunque se ha ido la noche,
su sueño aún me frecuenta
que nos condujo a una habitación
cavernosa, enorme
como una estación de trenes,
y apretadas en la penumbra
había camas, y nosotros en una
nos tendimos en la esquina más lejana.

Nuestro susurro no despertó relojes,
nos besamos y fui feliz
en cada cosa que hiciste,
indiferente a quienes
nos miraban con ojos hostiles
en parejas sobre cada cama,
los brazos alrededor del cuello,
inertes y confusamente tristes.

Pero, ¿de qué oculta lombriz de culpa
o de qué maligna duda
soy víctima ahora;
si tú, entonces, con desenvoltura,

Did what I never wished,
Confessed another love;
And I, submissive, felt
Unwanted and went out?

hiciste lo que nunca hubiera deseado,
confesar otro amor;
y yo, sumiso, me sentí
rechazado y me alejé?

FISH IN THE UNRUFFLED LAKES

Fish in the unruffled lakes
Their swarming colours wear,
Swans in the winter air
A white perfection have,
And the great lion walks
Through his innocent grove;
Lion, fish and swan
Act, and are gone
Upon Time's toppling wave.

We till shadowed days are done,
We must weep and sing
Duty's conscious wrong,
The Devil in the clock,
The goodness carefully worn
For atonement or for luck;
We must lose our loves,
On each beast and bird that moves
Turn an envious look.

Sighs for folly said and done
Twist our narrow days;

LOS PECES EN LOS LAGOS SERENOS

Los peces en los lagos serenos
llevan enjambres de colores,
los cisnes en el aire de invierno
hacen gala de una blanca perfección,
y el gran león camina
a través de su inocente arboleda;
león, pez y cisne
actúan y se alejan
sobre la tumbada ola del Tiempo.

Hasta que finalicen los sombríos días,
nosotros debemos llorar y cantar
el ultraje en la consciencia del deber,
el Diablo en el reloj,
la bondad cuidadosamente raída
por expiación o por suerte;
debemos perder nuestros amores,
sobre cada bestia y cada pájaro que se mueva
volver una mirada envidiosa.

Suspiros por cada idiotez hecha y proferida
tuercen nuestros estrechos días;

But I must bless, I must praise
That you, my swan, who have
All gifts that to the swan
Impulsive Nature gave,
The majesty and pride,
Last night should add
Your voluntary love.

pero yo debo bendecir, debo alabar
que tú, cisne mío, que posees
todos los dones que al cisne
concedió la impulsiva Naturaleza,
la majestad y el orgullo,
la noche anterior añadieras
tu voluntario amor.

AT LAST THE SECRET IS OUT

At last the secret is out, as it always must come in the end,
The delicious story is ripe to tell to the intimate friend;
Over the tea-cups and in the square the tongue has its desire;
Still waters run deep, my dear, there's never smoke without fire.
Behind the corpse in the reservoir, behind the ghost on the links,
Behind the lady who dances and the man who madly drinks,
Under the look of fatigue, the attack of migraine and the sigh
There is always another story, there is more than meets the eye.
For the clear voice suddenly singing, high up in the convent wall,
The scent of the elder bushes, the sporting prints in the hall,
The croquet matches in summer, the handshake, the cough, the kiss,
There is always a wicked secret, a private reason for this.

POR FIN SE HA REVELADO EL SECRETO

Por fin se ha revelado el secreto, como siempre ha de ocurrir,
la deliciosa historia está madura para contar al amigo íntimo;
sobre las tazas de té, y en la plaza, la lengua satisface su deseo;
las aguas quietas corren profundas, querida, nunca hay humo sin fuego.
Detrás del cadáver en el embalse; detrás del fantasma en la campiña,
detrás de la dama que baila y el hombre que bebe enloquecido,
bajo la expresión fatigada, el ataque de migraña y el suspiro
siempre hay otra historia; hay más que de lo que salta a la vista.
Para la clara voz que de pronto canta sobre los muros del convento,
el perfume de arbustos de saúco, los grabados de casa en el vestíbulo,
las partidas de croquet en verano, el estrechar de manos, la tos, el beso,
siempre hay un secreto perverso, una oscura razón.

FUNERAL BLUES

Stop all the clocks, cut off the telephone,
Prevent the dog from barking with a juicy bone,
Silence the pianos and with muffled drum
Bring out the coffin, let the mourners come.

Let aeroplanes circle moaning overhead
Scribbling on the sky the message He Is Dead,
Put crêpe bows round the white necks of the public doves,
Let the traffic policemen wear black cotton gloves.

He was my North, my South, my East and West,
My working week and my Sunday rest,
My noon, my midnight, my talk, my song;
I thought that love would last for ever: I was wrong.

The stars are not wanted now; put out every one,
Pack up the moon and dismantle the sun,
Pour away the ocean and sweep up the wood;
For nothing now can ever come to any good.

BLUES FÚNEBRE

Detengan los relojes, descuelguen el teléfono,
con un hueso jugoso eviten que el perro ladre,
silencien los pianos y con un sordo timbal
traigan el ataúd, dejen que los dolientes vengan.

Dejen que los aviones nos sobrevuelen en círculos luctuosos
garabateando en el cielo el mensaje Él Está Muerto,
pongan crespones alrededor de los cuellos de las palomas,
permitan a los policías usar negros guantes de algodón.

Él era mi Norte, mi Sur, mi Este y mi Oeste,
mi semana de trabajo y mi descanso dominical,
mi mediodía, mi medianoche, mi palabra, mi canción;
creía que el amor perduraría por siempre: me equivoqué.

No precisamos las estrellas ahora; apáguenlas todas,
empaquen la luna y desmantelen el sol,
drenen el océano y barran los bosques;
porque desde ahora nada será como antes.

OXFORD

Nature is so near: the rooks in the college garden
Like agile babies still speak the language of feeling;
By the tower the river still runs to the sea and will run,
       And the stones in that tower are utterly
       Satisfied still with their weight.

And the minerals and creatures, so deeply in love with their lives
Their sin of accidie excludes all others,
Challenge the nervous students with a careless beauty,
       Setting a single error
       Against their countless faults.

O in these quadrangles where Wisdom honours herself
Does the original stone merely echo that praise
Shallowly, or utter a bland hymn of comfort,
       The founder's equivocal blessing
       On all who worship Success?

Promising to the sharp sword all the glittering prizes,
The cars, the hotels, the service, the boisterous bed,
Then power to silence outrage with a testament,
       The widow's tears forgotten,
       The fatherless unheard.

OXFORD

La naturaleza está tan cerca: los cuervos en el jardín de la universidad
como ágiles niños que aún hablan el lenguaje del sentimiento;
junto a la torre, el río todavía corre y correrá hacia el mar,
      y las piedras en esa torre aún están
      completamente satisfechas con su peso.

Y los minerales y las criaturas, tan profundamente enamorados de sus vidas
que su pecado de acedia excluye a todos los demás,
desafían a los estudiantes nerviosos con una belleza descuidada,
      estableciendo un solo error
      contra sus innumerables faltas.

Oh, en estos cuadriláteros donde la Sabiduría se honra a sí misma,
¿la piedra original simplemente hace eco de esa alabanza
de forma superficial, o bien pronuncia un suave himno de consuelo,
      la equívoca bendición del fundador
      sobre todos los que persiguen el Éxito?

Prometiendo a la afilada espada todos los premios resplandecientes,
los autos, los hoteles, el servicio, la cama bulliciosa,
posteriormente poder, para silenciar el ultraje con un testamento,
      las lágrimas olvidadas de la viuda,
      los huérfanos nunca escuchados.

Whispering to chauffeurs and little girls, to tourists and dons,
That Knowledge is conceived in the hot womb of Violence
Who in a late hour of apprehension and exhaustion
        Strains to her weeping breast
        That blue-eyed darling head.

And is that child happy with his box of lucky books
And all the jokes of learning? Birds cannot grieve:
Wisdom is a beautiful bird; but to the wise
        Often, often is it denied
        To be beautiful or good.

Without are the shops, the works, the whole green country
Where a cigarette comforts the guily and a kiss the weak;
There thousands fidget and poke and spend their money:
        Eros Paidagogos
        Weeps on his virginal bed.

Ah, if that thoughtless almost natural world
Would snatch his sorrow to her loving sensual heart!
But he is Eros and must hate what most he loves;
        And she is of Nature; Nature
        Can only love herself.

Susurrando a los choferes y a las pequeñas niñas, a los turistas y señores,
ese Conocimiento se concibe en el útero caliente de la Violencia
quien en una hora tardía de aprensión y cansancio
          empuja hacia su pecho lloroso
          esa querida cabeza de ojos azules.

¿Y ese niño es feliz con su caja de libros de la suerte
y todas las bromas del aprendizaje? Los pájaros no pueden llorar:
la sabiduría es un pájaro hermoso; pero al sabio
          a menudo se le niega
          ser bueno o hermoso.

Afuera están las tiendas, la totalidad, todo el verde país
donde un cigarrillo consuela a los malvados y un beso a los débiles;
hay miles de personas que se mueven inquietas y gastan su dinero:
          Eros Paidagogos
          llora en su lecho virginal.

¡Ah, si ese mundo irreflexivo, casi natural,
arrebatara su dolor a su amoroso corazón sensual!
Pero él es Eros y debe odiar lo que más ama;
          y ella es de la Naturaleza; la Naturaleza
          sólo puede amarse a sí misma.

And over the talkative city like any other
Weep the non-attached angels. Here too the knowledge of death
Is a consuming love: And the natural heart refuses
       The low unflattering voice
       That rests not till it find a hearing.

Y sobre la ruidosa ciudad, como cualquier otra,
lloran los ángeles indiferentes. Aquí también el conocimientos de la muerte
es un ardiente amor: y el corazón natural rechaza
                 la voz baja y poco favorecedora
                 que no descansa hasta que encuentra una audiencia.

MUSÉE DES BEAUX-ARTS

About suffering they were never wrong,
The Old Masters: how well they understood
Its human position; how it takes place
While someone else is eating or opening a window or just walking dully along;
How, when the aged are reverently, passionately waiting
For the miraculous birth, there always must be
Children who did not specially want it to happen, skating
On a pond at the edge of the wood:
They never forgot
That even the dreadful martyrdom must run its course
Anyhow in a corner, some untidy spot
Where the dogs go on with their doggy life and the torturer's horse
Scratches its innocent behind on a tree.

In Brueghel's *Icarus*, for instance: how everything turns away
Quite leisurely from the disaster; the ploughman may
Have heard the splash, the forsaken cry,
But for him it was not an important failure; the sun shone
As it had to on the white legs disappearing into the green
Water, and the expensive delicate ship that must have seen
Something amazing, a boy falling out of the sky,
Had somewhere to get to and sailed calmly on.

MUSEO DE BELLAS ARTES

Los Viejos Maestros nunca se equivocaron
sobre el sufrimiento: cuán bien comprendieron
su lugar en la vida humana; cómo toma forma
mientras alguien come o abre una ventana o camina distraído;
cómo, mientras los ancianos esperan reverenciales
y apasionados el milagroso alumbramiento, siempre debe haber
niños a quienes los trae sin cuidado, patinando
a la orilla del estanque de un bosque:
nunca olvidaron
que incluso el martirio más terrible debe seguir su curso
a como dé lugar en una esquina, en algún sitio sucio
donde los perros continúan su vida de perros y el caballo del verdugo
restriega su inocente culo contra un árbol.

En el *Ícaro* de Brueghel, por ejemplo: cómo todo se aleja
tan sigilosamente del desastre; el labrador pudo
haber oído el chapoteo, el grito desconsolado,
pero para él no fue un fracaso conmovedor; el sol brillaba
como debía brillar sobre las pálidas piernas que desaparecían en verdes
aguas, y ese barco suntuoso y elegante que debió haber atisbado
algo asombroso, un joven desplomándose en el cielo,
tenía que llegar a otra orilla y siguió mansamente navegando.

EPITAPH ON A TYRANT

Perfection, of a kind, was what he was after,
And the poetry he invented was easy to understand;
He knew human folly like the back of his hand,
And was greatly interested in armies and fleets;
When he laughed, respectable senators burst with laughter,
And when he cried the little children died in the streets.

EPITAFIO SOBRE UN TIRANO

Perfección, de algún modo, era lo que buscaba,
y la poesía que creó era fácil de entender;
conocía la locura humana como la palma de su mano,
y estaba muy interesado en ejércitos y flotas;
cuando reía, los respetables senadores estallaban en carcajadas,
y cuando lloraba, los pequeños niños morían en las calles.

IN MEMORY OF W. B. YEATS
(January 1939)

I

He disappeared in the dead of winter:
The brooks were frozen, the airports almost deserted,
And snow disfigured the public statues;
The mercury sank in the mouth of the dying day.
What instruments we have agree
The day of his death was a dark cold day.

Far from his illness
The wolves ran on through the evergreen forests,
The peasant river was untempted by the fashionable quays;
By mourning tongues
The death of the poet was kept from his poems.

But for him it was his last afternoon as himself,
An afternoon of nurses and rumours;
The provinces of his body revolted,
The squares of his mind were empty,
Silence invaded the suburbs,
The current of his feeling failed: he became his admirers.

EN MEMORIA DE W. B. YEATS
(*Enero, 1939*)

I

Él desapareció en pleno invierno:
los arroyos estaban congelados, los aeropuertos casi desiertos,
y la nieve desfiguró las estatuas públicas;
el mercurio se hundió en la boca del agonizante día.
Los instrumentos con que contamos sugieren que
el día de su muerte fue oscuro y frío.

Lejos de su enfermedad
los lobos corrieron por los bosques siempre verdes,
el río pueblerino no se dejaba tentar por los muelles de moda;
gracias al luto de las lenguas
sus poemas se mantuvieron a salvo de la muerte del poeta.

Pero para él fue su última tarde como sí mismo,
una tarde de enfermeras y rumores;
las provincias de su cuerpo se revelaron,
los cuadrados de su mente quedaron vacíos,
el silencio invadió los suburbios,
la corriente de su sentimiento falló: se convirtió en sus admiradores.

Now he is scattered among a hundred cities
And wholly given over to unfamiliar affections;
To find his happiness in another kind of wood
And be punished under a foreign code of conscience.
The words of a dead man
Are modified in the guts of the living.

But in the importance and noise of to-morrow
When the brokers are roaring like beasts on the floor of the Bourse,
And the poor have the sufferings to which they are fairly accustomed,
And each in the cell of himself is almost convinced of his freedom;
A few thousand will think of this day
As one thinks of a day when one did something slightly unusual.

O all instruments we have agree
The day of his death was a dark cold day.

II

You were silly like us: your gift survived it all;
The parish of rich women, physical decay,
Yourself; mad Ireland hurt you into poetry.
Now Ireland has her madness and her weather still,
For poetry makes nothing happen: it survives

Ahora está esparcido entre cien ciudades
y entregado por completo a los afectos desconocidos;
para encontrar su felicidad en otra clase de madera
y ser castigado bajo un código de conciencia extranjero.
Las palabras de un muerto
se modifican en las entrañas de los vivos.

Pero en la importancia y en el estruendo del mañana
cuando los corredores rujan como bestias en el piso de la Bolsa,
y los pobres tengan los mismos sufrimientos a los que están acostumbrados,
y cada uno en su celda esté casi convencido de su libertad;
algunos miles pensarán en este día
como uno piensa en un día en el que hizo algo inusual.

Los instrumentos con que contamos sugieren que
el día de su muerte fue oscuro y frío.

II

Eras tonto como nosotros: tu don sobrevivió a todo;
la parroquia de mujeres ricas, la decadencia física,
a ti mismo; la loca Irlanda te arrastró a la poesía.
Ahora todavía Irlanda tiene su locura y su clima,
porque la poesía hace que nada ocurra: sobrevive

In the valley of its making where executives
Would never want to tamper; flows on south
From ranches of isolation and the busy griefs,
Raw towns that we believe and die in; it survives,
A way of happening, a mouth.

III

Earth, receive an honoured guest;
William Yeats is laid to rest:
Let the Irish vessel lie
Emptied of its poetry.

Time that is intolerant
Of the brave and innocent,
And indifferent in a week
To a beautiful physique,

Worships language and forgives
Everyone by whom it lives;
Pardons cowardice, conceit,
Lays its honours at their feet.

en el valle de su creación donde los ejecutivos
nunca querrían demorarse; fluye hacia el sur
desde los ranchos de aislamiento y los pesares atareados,
ciudades salvajes en las que creemos y morimos; sobrevive,
una forma de acontecimiento, una desembocadura.

III

La tierra recibe un invitado de honor;
William Yeats es sepultado:
deja que el buque irlandés descanse
vaciado de su poesía.

Tiempo intolerante
con los inocentes y valientes,
e indiferente en una semana
a la belleza física,

venera el lenguaje y perdona
a todos aquellos de quienes vive;
perdona la cobardía, la presunción,
deposita estos honores a sus pics.

Time that with this strange excuse
Pardoned Kipling and his views,
And will pardon Paul Claudel,
Pardons hims for writing well.

In the nightmare of the dark
All the dogs of Europe bark,
And the living nations wait,
Each sequestered in its hate;

Intellectual disgrace
Stares from every human face,
And the seas of pity lie
Locked and frozen in each eye.

Follow, poet, follow right
To the bottom of the night,
With your unconstraining voice
Still persuade us to rejoice;

With the farming of a verse
Make a vineyard of the curse,
Sing of human unsuccess
In a rapture of distress;

Tiempo que con extraña excusa
ha perdonado a Kipling y sus opiniones,
y perdonará a Paul Claudel,
a él lo perdona por escribir bien.

En la pesadilla de la oscuridad
todos los perros de Europa ladran,
y las naciones vivientes esperan,
cada una secuestrada en su odio;

la deshonra intelectual
mira desde cada rostro humano,
y los mares de la piedad yacen
bloqueados y congelados en cada ojo.

Sigue, poeta, sigue derecho
hasta el fondo de la noche,
con tu voz inquebrantable
persuádenos a ser felices;

con el cultivo de un verso
haz una viña de la maldición,
canta sobre el fracaso humano
en un arrebato de angustia;

In the deserts of the heart
Let the healing fountain start,
In the prison of his days
Teach the free man how to praise.

en los desiertos del corazón
deja que comience la fuente curativa,
en la prisión de sus días
enséñale al hombre a dar gracias.

CALYPSO

Driver, drive faster and make a good run
Down the Springfield Line under the shining sun.

Fly like an aeroplane, don't pull up short
Till you brake for Grand Central Station, New York.

For there in the middle of the waiting hall
Should be standing the one that I love best of all.

If he's not there to meet me when I get to town,
I'll stand on the side-walk with tears rolling down.

For he is the one that I love to look on,
The acme of kindness and perfection.

He presses my hand and he says he loves me
Which I find an admirable peculiarity.

The woods are bright green on both sides of the line;
The trees have their loves though they're different from mine.

CALYPSO

Maquinista, conduce más rápido y haz una buena carrera
por Springfield Line bajo el sol brillante.

Vuela como un avión, no te detengas
hasta que frene en Gran Central Station, New York.

Porque allí, en medio de la sala de espera,
debería estar el que yo más quiero de todos.

Si no está para recibirme cuando llegue a la ciudad,
me quedaré en la acera con lágrimas.

Porque es a él a quien me gusta mirar,
cumbre de la bondad y de la perfección.

Me aprieta la mano y me dice que me ama
lo cual resulta de una peculiaridad admirable.

Los bosques son de un verde brillante en ambos lados de la línea;
los árboles tienen sus amores aunque sean diferentes a los míos.

But the poor fat old banker in the sun-parlour car
Has no one to love him except his cigar.

If I were the head of the Church or the State,
I'd powder my nose and just tell them to wait.

For love's more important and powerful than
Even a priest or a politician.

Pero el pobre y gordo banquero en el coche del solárium
no tiene nadie que lo ame excepto su cigarro.

Si yo fuera el jefe de la Iglesia o del Estado,
me empolvaría la nariz y les diría que esperen.

Porque el amor es más importante y poderoso incluso
que un sacerdote o un político.

RIMBAUD

The nights, the railway-arches, the bad sky,
His horrible companions did not know it;
But in that child the rhetorician's lie
Burst like a pipe: the cold had made a poet.

Drinks bought him by his weak and lyric friend
His five wits systematically deranged,
To all accustomed nonsense put an end;
Till he from lyre and weakness was estranged.

Verse was a special illness of the ear;
Integrity was not enough; that seemed
The hell of childhood: he must try again.

Now, galloping through Africa, he dreamed
Of a new self, a son, an engineer,
His truth acceptable to lying men.

RIMBAUD

Las noches, los puentes del ferrocarril, el mal cielo,
sus horribles compañeros lo ignoraban;
pero en aquel niño la mentira de la retórica
reventó como una cañería: el frío engendró un poeta.

Alcoholes que le compraba su débil y lírico amigo
sus cinco sentidos sistemáticamente desarreglados,
pusieron fin a todo el habitual absurdo;
hasta distanciarlo de la lira y la debilidad.

El verso era una especial enfermedad del oído;
la honestidad no era suficiente; aquello parecía
el infierno de la infancia: debía intentar otra vez.

Ahora, galopando a través de África, soñó
con un nuevo yo, un hijo, un ingeniero,
su verdad aceptable para los farsantes.

BUT I CAN'T

Time will say nothing but I told you so,
Time only knows the price we have to pay;
If I could tell you I would let you know.

If we should weep when clowns put on their show,
If we should stumble when musicians play,
Time will say nothing but I told you so.

There are no fortunes to be told, although,
Because I love you more than I can say,
If I could tell you I would let you know.

The winds must come from somewhere when they blow,
There must be reason why the leaves decay;
Time will say nothing but I told you so.

Perhaps the roses really want to grow,
The vision seriously intends to stay;
If I could tell you I would let you know.

PERO NO PUEDO

El tiempo no dirá nada, pero te lo hice saber,
el tiempo solo conoce el precio que tenemos que pagar;
si pudiera decírtelo, te lo haría saber.

Si lloráramos cuando los payasos montan su espectáculo,
si tropezáramos cuando los músicos ejecutan su obra,
el tiempo no dirá nada, pero te lo hice saber.

No hay fortunas que contar, sin embargo,
porque te amo más de lo que puedo expresar,
si pudiera decírtelo, te lo haría saber.

Los vientos deben llegar de alguna parte cuando soplan,
debe existir una razón por la cual las hojas se dejan caer;
el tiempo no dirá nada, pero te lo hice saber.

Quizás las rosas realmente quieren crecer,
la visión tiene la seria intención de quedarse;
si pudiera decírtelo, te lo haría saber.

Suppose the lions all get up and go,
And the brooks and soldiers run away;
Will Time say nothing but I told you so?
If I could tell you I would let you know.

Supongamos que todos los leones se levantan y se marchan,
y los arroyos y los soldados huyen;
¿el tiempo no dirá nada, pero te lo hice saber?
Si pudiera decírtelo, te lo haría saber.

THERE WILL BE NO PEACE

Though mild clear weather
Smile again on the shore of your esteem
And its colours come back, the storm has changed you:
You will not forget, ever,
The darkness blotting out hope, the gale
Prophesying your downfall.

You must live with your knowledge.
Way back, beyond, outside of you are others,
In moonless absences you never heard of,
Who have certainly heard of you,
Beings of unknown number and gender:
And they do not like you.

What have you done to them?
Nothing? Nothing is not an answer:
You will come to believe – how can you help it? –
That you did, you did do something;
You will find yourself wishing you could make them laugh,
You will long for their friendship.

NO HABRÁ PAZ

Aunque el cielo clemente y despejado
sonríe de nuevo en la orilla de tu estima
y sus colores vuelven, la tormenta te ha cambiado:
no olvidarás, nunca,
la oscuridad borrando la esperanza, el vendaval
augurando tu caída.

Debes vivir con lo que sabes.
Años atrás, más allá de ti, fuera de ti hay otros,
de los que nunca oíste en ausencias sin luna,
quienes por cierto han oído de ti,
seres de género y número desconocidos:
y no les gustas.

¿Qué les hiciste?
¿Nada? Nada no es una respuesta:
llegarás a creer – ¿cómo puedes evitarlo? –
que lo hiciste, que les hiciste algo;
te encontrarás deseando hacerlos reír,
ansiarás su amistad.

There will be no peace.
Fight back, then, with such courage as you have
And every unchivalrous dodge you know of,
Clear on your conscience on this:
Their cause, if they had one, is nothing to them now;
They hate for hate's sake.

No habrá paz.
Contrataca, entonces, con todo el valor que tengas
y con cada cobarde estrategia que conozcas,
con la conciencia tranquila de que:
su causa, si tuvieron una, no les importa ahora en absoluto;
ellos odian por odiar.

AUGUST 1968

The Ogre does what ogres can,
Deeds quite impossible for Man,
But one prize is beyond his reach,
The Ogre cannot master Speech:
About a subjugated plain,
Among the desperate and slain,
The Ogre stalks with hands on hips,
While drivel gushes from his lips.

AGOSTO, 1968

El Ogro hace lo que los ogros pueden,
actos absolutamente imposibles para el Hombre,
aunque un premio está fuera de su alcance,
el Ogro no puede dominar el Habla:
sobre una subyugada llanura,
entre los desesperados y los caídos,
el Ogro acecha con las manos en las caderas,
mientras brotan tonterías de sus labios.

OLD PEOPLE'S HOME

All are limitory, but each has her own
nuance of damage. The elite can dress and decent themselves,
    are ambulant with a single stick, adroit
to read a book all through, or play the slow movements of
    easy sonatas. (Yet, perhaps their very
carnal freedom is their spirit's bane: intelligent
    of what has happened and why, they are obnoxious
to a glum beyond tears.) Then come those on wheels, the average
    majority, who endure T.V. and, led by
lenient therapists, do community-singing, then
    the loners, muttering in Limbo, and last
the terminally incompetent, as improvident,
    unspeakable, impeccable as the plants
they parody. (Plants may sweat profusely but never
    sully themselves.) One tie, though, unites them: all
appeared when the world, though much was awry there, was more
    spacious, more comely to look at, it's Old Ones
with an audience and secular station. Then a child,
    in dismay with Mamma, could refuge with Gran
to be revalued and told a story. As of now,
    we all know what to expect, but their generation
is the first to fade like this, not at home but assigned

ASILO DE ANCIANOS

Todos están limitados, pero cada cual tiene
su propio matiz de daño. La élite puede vestirse y darse dignidad por sí misma,
        caminar apoyada en un bastón, con soltura
leer un libro completo. Interpretar los movimientos lentos de
        una sonata sencilla. (Pero quizás su verdadera
libertad carnal es la ruina de su espíritu: conscientes
        de lo que ha ocurrido y el porqué abominan
la tristeza más allá de las lágrimas). Luego están los en silla de ruedas,
        la mayoría, que soporta la Televisión, y guiados
por amables terapeutas, cantan en comunidad, después
        los solitarios, murmurando en el Limbo, y al final
los que son terminalmente incompetentes, tan improvisados,
        indescriptibles, impecables como las plantas
que parodian. (Ellas pueden sudar profusamente
        pero nunca ensuciarse). Sin embargo, hay algo que los une: todos
aparecieron cuando el mundo, con sus milenarias desgracias, era más
        habitable y agradable a la vista, y sus Viejos
tenían un auditorio y un lugar en la tierra. Entonces un niño,
        reprendido por su madre, podía refugiarse en la abuela
y ser consolado con un cuento. A partir de ahora,
        todos sabemos qué esperar, pero su generación
es la primera en desvanecerse así, no en casa sino asignada

       to a numbered frequent ward, stowed out of conscience
as unpopular luggage.
               As I ride the subway
      to spend half-an-hour with one, I revisage
who she was in the pomp and sumpture of her hey-day,
      when week-end visits were a presumptive joy,
not a good work. Am I cold to wish for a speedy
      painless dormition, pray, as I know she prays,
that God or Nature will abrupt her earthly function?

a un pabellón con número, exiliados de la memoria
como se arrumban bultos indeseables.
                    Mientras viajo en el metro
para pasar media hora con una asilada, recuerdo
quién fue ella en su esplendoroso apogeo,
      cuando visitarla era una alegría de la cual presumir,
no una caridad. ¿Soy tan frío como para esperar
      un somnífero indoloro, rápido, para rogar, como ruega ella,
que Dios o la Naturaleza aborten su función terrenal?

✳

Song: Let a Florid Music Praise (W. H. AUDEN, *As I walked out one evening: songs, ballads, lullabies, limericks and other light verse*, Faber and Faber, London, 1996, p. 28 | Traducción: Rodrigo Arriagada Zubieta)

Dear, Though the Night is Gone (W. H. AUDEN, *Selected Poems*. Edited by Edward Mendelson, Vintage International, Vintage Books, A Division of Random House, Inc., New York, 2007, p. 46 | Traducción: Rodrigo Arriagada Zubieta)

Fish in the Unruffled Lakes (W. H. AUDEN, *Selected Poems*. Edited by Edward Mendelson, Vintage International, Vintage Books, A Division of Random House, Inc., New York, 2007, pp. 46-47 | Traducción: Rodrigo Arriagada Zubieta)

At Last the Secret is Out (W. H. AUDEN, *As I walked out one evening: songs, ballads, lullabies, limericks and other light verse*, Faber and Faber, London, 1996, pp. 32-33 | Traducción: Rodrigo Arriagada Zubieta)

Funeral Blues (W. H. AUDEN, *Selected Poems*. Edited by Edward Mendelson, Vintage International, Vintage Books, A Division of Random House, Inc., New York, 2007, pp. 48-49 | Traducción: Rodrigo Arriagada Zubieta)

Oxford (W. H. AUDEN, *Selected Poems*. Edited by Edward Mendelson, Vintage International, Vintage Books, A Division of Random House, Inc., New York, 2007, pp. 68-69 | Traducción: Juan Arabia)

Musée des Beaux-Arts (W. H. AUDEN, *Selected Poems*. Edited by Edward Mendelson, Vintage International, Vintage Books, A Division of Random House, Inc., New York, 2007, p. 87 | Traducción: Rodrigo Arriagada Zubieta)

Epitaph on a Tyrant (W. H. AUDEN, *Selected Poems*. Edited by Edward Mendelson, Vintage International, Vintage Books, A Division of Random House, Inc., New York, 2007, p. 88 | Traducción: Juan Arabia)

In Memory of W. B. Yeats (W. H. AUDEN, *Selected Poems*. Edited by Edward Mendelson, Vintage International, Vintage Books, A Division of Random House, Inc., New York, 2007, pp. 88-90 | Traducción: Juan Arabia)

Calypso (W. H. AUDEN, *Selected Poems*. Edited by Edward Mendelson, Vintage International, Vintage Books, A Division of Random House, Inc., New York, 2007, p. 94 | Traducción: Juan Arabia)

Rimbaud (W. H. AUDEN, *The Collected Poetry of W. H. Auden*, Random House, New York, 1945, pp. 121-122| Traducción: Rodrigo Arriagada Zubieta)

But I Can't (W. H. AUDEN, *Selected Poems*. Edited by Edward Mendelson, Vintage International, Vintage Books, A Division of Random House, Inc., New York, 2007, p. 119 | Traducción: Juan Arabia)

There Will Be No Peace (W. H. AUDEN, *Collected Poems*, Faber and Faber, London, 1994 | Traducción: Rodrigo Arriagada Zubieta)

August 1968 (W. H. AUDEN, *Selected Poems*. Edited by Edward Mendelson, Vintage International, Vintage Books, A Division of Random House, Inc., New York, 2007, p. 304 | Traducción: Juan Arabia)

Old People's Home (W. H. AUDEN, *Selected Poems*. Edited by Edward Mendelson, Vintage International, Vintage Books, A Division of Random House, Inc., New York, 2007, pp. 308-309 | Traducción: Rodrigo Arriagada Zubieta)

Louis MacNeice

Louis MacNeice nació el 12 de septiembre de 1907 en Belfast, Irlanda. Asistió a Oxford, donde se especializó en clásicos y filosofía. En 1930, se casó con Giovanna Ezra y aceptó un puesto como profesor de clásicos en la Universidad de Birmingham, cargo que ocupó hasta 1936, cuando pasó a enseñar griego en Bedford College for Women, en London University. En 1941, se unió a la British Broadcasting Company como escritor y productor. Como muchos poetas británicos modernos, MacNeice encontró audiencia para su trabajo a través de la radio británica. Algunas de sus obras más conocidas, incluidas *Christopher Columbus* (1944) y *The Dark Tower* (1946), fueron escritas originalmente para la radio y publicadas posteriormente.

En los comienzos de su carrera, MacNeice se identificó con un grupo de poetas políticamente comprometidos cuyo trabajo apareció en la antología *New Signatures* de Michael Roberts. A pesar de su asociación con los jóvenes poetas británicos (conocidos como "Auden Group" y "Thirties Poets") Stephen Spender, W. H. Auden, Cecil Day-Lewis y otros poetas de izquierda, MacNeice desconfiaba tanto de los programas políticos como de los sistemas filosóficos. Nunca fue miembro del Partido Comunista ni de ningún otro grupo político, y fue bastante sincero sobre las ambigüedades de sus actitudes políticas. "Mis simpatías son de izquierda", escribió, "pero no en mi corazón ni en mis entrañas".

Aunque eligió vivir la mayor parte de su vida en Londres, MacNeice regresaba con frecuencia a los paisajes de su infancia y se enorgullecía de su herencia irlandesa. De principio a fin, su propia obra refleja un escepticismo melancólico demasiado honesto para dar el asentimiento final a cualquier tipo de sistema.

Murió a los 55 años, el 3 de septiembre de 1963, a causa de neumonía, poco antes de la publicación de su último libro de poemas, *The Burning Perch*.

SPRING VOICES

The small householder now comes out warily
Afraid of the barrage of sun that shouts cheerily,
Spring is massing forces, birds wink in air,
The battlemented chestnuts volley green fire,
The pigeons banking on the wind, the hoots of cars,
Stir him run wild, gamble on horses, buy cigars;
Joy lies before him to be ladled and lapped from his hand –
Only that behind him, in the shade of his villa, memories stand
Breathing on his neck and muttering that all this has happened
                                         before,
Keep the wind out, cast no clout, try no unwarranted jaunts untried
                                         before,
But let the spring slide by nor think to board its car
For it rides West to where the tangles of scrap-iron are;
Do not walk, these voices say, between the bucking clouds alone
Or you may loiter into a suddenly howling crater, or fall, jerked back,
                                    garrotted by the sun.

VOCES DE PRIMAVERA

El pequeño dueño de la casa ahora sale con cautela
temeroso del bombardeo del sol que grita alegremente,
la primavera está acumulando fuerzas, los pájaros parpadean en el aire,
las castañas almenadas lanzan fuego verde,
las palomas se ladean por el viento, los gritos de los autos,
estimúlalo para que corra salvajemente, juegue a los caballos, compre cigarros;
la alegría vive delante de él para ser servida y lamida de su mano –
sólo que detrás de él, en la sombra de su villa, los recuerdos están
respirando en su cuello y murmurando que todo esto ha pasado
                                    antes,
mantén el viento fuera, no eches las garras, no intentes realizar excursiones
                                        |injustificadas
                        antes,
pero deja que la primavera se deslice sin pensar en subir a su auto
porque cabalga hacia el Oeste, donde están los enredos de hierro forjado;
no camines solo entre las nubes que se agitan, dicen las voces,
o bien puedes holgazanear en un repentino cráter aullando, o caer, tirado
                                        |hacia atrás,
                    agarrotado por el sol.

SNOW

The room was suddenly rich and the great bay-window was
Spawning snow and pink roses against it
Soundlessly collateral and incompatible:
World is suddener than we fancy it.

World is crazier and more of it than we think,
Incorrigibly plural. I peel and portion
A tangerine and spit the pips and feel
The drunkenness of things being various.

And the fire flames with a bubbling sound for world
Is more spiteful and gay than one supposes –
On the tongue on the eyes on the ears in the palms of one's hands –
There is more than glass between the snow and the huge roses.

NIEVE

La habitación era de repente rica y el ventanal estaba
desovando nieve y rosas francesas contra ella
silenciosamente colateral e incompatible:
el mundo es más repentino de lo que imaginamos.

El mundo es más loco y más de lo que creemos,
incorregiblemente diverso. Yo pelo y corto
una mandarina y escupo las semillas y siento
la embriaguez de las cosas multiplicadas.

Y el fuego arde con sonido de burbujas porque el mundo
es más maldito y alegre de lo que uno supone –
En la lengua en los ojos en las orejas en las palmas de las manos –
hay algo más que vidrio entre la nieve y las enormes rosas.

THE HEATED MINUTES

The heated minutes climb
The anxious hill,
The tills fill up with cash,
The tiny hammers chime
The bells of good and ill,
And the world piles with ash
From fingers killing time.

If you were only here
Among these rocks,
I should not feel the dull
The taut and ticking fear
That hides in all the clocks
And creeps inside the skull –
If you were here, my dear.

LOS DETESTABLES MINUTOS

Los detestables minutos ascienden
la ansiosa colina,
las cajas registradoras se llenan de billetes,
los pequeños martillos tañen
las campanas del bien y el mal,
y el mundo se sofoca en cenizas
de dedos que matan el tiempo.

Si tan sólo estuvieras aquí
entre estas rocas,
no sentiría el sordo
tenso y acompasado temor
que se oculta en todos los relojes
y repta dentro del cráneo –
Si estuvieras aquí, querida.

CARRICKFERGUS

I was born in Belfast between the mountain and the gantries
   To the hooting of lost sirens and the clang of trams:
Thence to Smoky Carrick in County Antrim
   Where the bottle-neck harbour collects the mud which jams.

The little boats beneath the Norman castle,
   The pier shining with lumps of crystal salt;
The Scotch Quarter was a line of residential houses
   But the Irish Quarter was a slum for the blind and halt.

The brook ran yellow from the factory stinking of chlorine,
   The yarn-milled called its funeral cry at noon;
Our lights looked over the lough to the lights of Bangor
   Under the peacock aura of a drowning moon.

The Norman walled this town against the country
   To stop his ears to the yelping of his slave
And built a church in the form of a cross but denoting
   The List of Christ on the cross in the angle of the nave.

I was the rector's son, born to the anglican order,
   Banned for ever from the candles of the Irish poor;

CARRICKFERGUS

Nací en Belfast entre la montaña y los astilleros
    al ulular de las sirenas perdidas y el estruendo del tranvía:
desde allí al humeante Carrick en el Condado de Antrim
    donde el puerto de cuello de botella recoge el barro atascado.

Los pequeños botes bajo el castillo Normando,
    el muelle brillando con trozos de sal cristalina;
El Barrio Escocés era una hilera de casas residenciales
    pero el Barrio Irlandés era para pobres y cesantes.

El arroyo corría amarillo desde la fábrica, apestando a cloro.
    El hilo molido anunciaba su grito fúnebre al mediodía;
nuestras luces miraban sobre el lago a las luces de Bangor
    bajo el aura de un pavo real de una luna que se ahoga.

El Normando amuralló esta ciudad contra su país
    para hacer oídos sordos al grito de sus esclavos
y construyó una iglesia en forma de cruz, pero que denota
    la Escora de Cristo en la cruz, en el ángulo de una nave.

Yo era el hijo del rector, nacido de la orden Anglicana,
    prohibido para siempre de las velas de los irlandeses pobres;

The Chichesters knelt in marble at the end of a transept
    With ruffs about their necks, their portion sure.

The war came and a huge camp of soldiers
    Grew from the ground in sight of our house with long
Dummies hanging from gibbets for bayonet practice
    And the sentry's challenge echoing all day long;

A Yorkshire terrier ran in and out by the gate-lodge
    Barred to civilians, yapping as if taking affront:
Marching at ease and singing 'Who Killed Cock Robin?'
    The troops went out by the lodge and off to the Front.

The steamer was camouflaged that took me to England –
    Sweat and khaki in the Carlisle train;
I thought that the war would last for ever and sugar
    Be always rationed and that never again

Would the weekly papers not have photos of sandbags
    And my governess not make bandages from moss
And people not have maps above the fireplace
    With flags on pins moving across and across –

Across the hawthorn hedge the noise of bugles,
    Flares across the night,

los Chichesters se arrodillaron en mármol al final de un transepto
   con gargueros alrededor de sus cuellos, su privilegio asegurado.

Vino la guerra y un enorme campamento de soldados
   creció desde el suelo a la vista de nuestra casa con largos
maniquíes colgados de las horcas para practicar la bayoneta
   y el desafío del centinela resonaba todo el día;

 un terrier Yorkshire entro y salió por la puerta de entrada
   prohibida a los civiles, ladrando como si fuera una afrenta:
marchando a gusto y cantando "Quién Mató a Cock Robin"
   las tropas enfilaron por el albergue y se dirigieron al Frente.

El vapor que me condujo a Inglaterra estaba camuflado –
   sudor y uniformes en el tren Carlisle;
pensé que la guerra duraría por siempre y el azúcar
   racionada y que nunca más

los periódicos semanales tendrían fotos de sacos de arena
   y mi institutriz no haría vendas de musgo
y la gente no tendría mapas encima de la chimenea
   con banderas en alfileres flameando –

Al otro lado del seto de espinos, sonidos de cornetas,
   llamaradas a través de la noche,

Somewhere on the lough was a prison ship for Germans,
   A cage across their sight.

I went to school in Dorset, the world of parents
   Contracted into a puppet world of sons
Far from the mill girls, the smell of porter, the salt mines
   And the soldiers with their guns.

en algún lugar del lago había un barco de prisioneros Alemanes,
    una jaula cruzaba sus ojos.

Fui a la escuela en Dorset, el mundo de los padres
    constreñido a un universo de títeres de hijos
lejos de las chicas del molino, del aroma de la *porter*, de las salinas
    y de los soldados con sus armas.

POSTCRIPT TO ICELAND
(for W. H. Auden)

Now the winter nights begin
Lonely comfort walls me in;
So before the memory slip
I review our Iceland trip –

Not for me romantic nor
Idyll on a mythic shore
But a fancy turn, you know,
Sandwiched in a graver show.

Down in Europe Seville fell,
Nations germinating hell,
The Olympic games were run –
Spots upon the Aryan sun.

And the don in me set forth
How the landscape of the north
Had educed the saga style
Plooding forward mile by mile.

POSDATA A ISLANDIA
(para W. H. Auden)

Ahora que comienzan las noches de invierno
el consuelo solitario me encierra;
así que antes que la memoria se equivoque
repaso nuestro viaje a Islandia –

Ni idílico ni romántico para mí
en una mítica orilla
sino un giro fantástico, ya sabes,
intercalado en un espectáculo más serio.

Abajo en Europa cayó Sevilla,
naciones germinando el infierno,
los juegos olímpicos se llevaron a cabo –
manchas sobre el sol ario.

Y el don expuso en mí
cómo el paisaje del norte
había inferido el estilo de la saga
avanzando lentamente milla por milla.

And the don in you replied
That the North begins inside,
Our ascetic guts require
Breathers from the Latin fire.

So although no ghost was scotched
We were happy while we watched
Ravens from their walls of shale
Cruise around the rotting whale,

Watched the sulphur basins boil,
Loops of steam uncoil and coil,
While the valley fades away
To a sketch of Judgment Day.

So we rode and joked and smoked
With no miracles evoked,
With no levitations won
In the thin unreal sun;

In that island never found
Visions blossom from the ground,
No conversions like St Paul,
No great happenings at all.

Y el don replicó en ti
que el Norte empieza por dentro,
nuestras entrañas ascéticas requieren
aires del fuego latino.

A pesar de todo, sin cercar un solo fantasma,
éramos felices mientras observábamos
cuervos desde sus muros de pizarra
cruzar alrededor de la ballena podrida,

mientras observábamos hervir las cuencas de azufre,
bucles de vapor enrollándose y desenrollándose,
mientras el valle se desvanecía
en un boceto del Día del Juicio Final.

Así anduvimos, bromeando y fumando
sin milagros evocados,
sin levitaciones ganadas
en el tenue sol irreal;

en esta isla nunca se vieron
florecer visiones desde el suelo,
ni conversioncs como la de San Pablo,
ningún gran acontecimiento en absoluto.

Holidays should be like this,
Free from over-emphasis,
Time for soul to stretch and spit,
Before the world comes back on it,

Before the chimneys row on row
Sneer in smoke,"We told you so"
And the fog-bound sirens call
Ruin to the long sea-wall.

Rows of books around me stand,
Fence me round on either hand;
Through that forest of dead words
I would hunt the living birds –

Great black birds that fly alone
Slowly through a land of stone,
And the gulls who weave a free
Quilt of rhythm on the sea.

Here in Hampstead I sit late
Nights wich no one shares and wait
For the phone to ring or for
Unknown angels at the door;

Las vacaciones deberían ser así,
libres de énfasis excesivo,
es hora de que el alma se estire un poco y escupa
antes de que el mundo vuelva sobre sí,

antes de que las chimeneas en interminables hileras
se burlen en el humo, "Te lo dijimos"
y las sirenas envueltas en niebla invoquen
la ruina del largo malecón.

Filas de libros están de pie a mi alrededor,
cercándome a cada lado;
a través de ese bosque de palabras muertas
cazaría a los pájaros vivos –

grandes pájaros negros que vuelan solos
lentamente a través de una tierra de piedra,
y las gaviotas que tejen un libre
manto de ritmo sobre el mar.

Aquí en Hampstead me siento hasta altas
horas de la noche que nadie comparte
y espero que suene el teléfono o
ángeles desconocidos en la puerta;

Better were the northern skies
Than this desert in disguise –
Rugs and cushions and the long
Mirror which repeats the song.

For the litany of doubt
From these walls comes breathing out
Till the room becomes a pit
Humming with the fear of it

With the fear of loneliness
And uncommunicableness;
All the wires are cut, my friends
Live beyond the severed ends.

So I write this lines for you
Who have felt the death-wish too,
But your lust for life prevails –
Drinking coffee, telling tales.

Our prerogatives as men
Will be cancelled who knows when;
Still I drink your healt before
The gun-butt raps upon the door.

Mejor eran los cielos del norte
que este desierto disfrazado –
alfombras y almohadones y el largo
espejo que repite la canción.

Por la letanía de la duda
de estas paredes sale el aliento
hasta que la habitación se convierte en un pozo
tarareando de miedo

con miedo a la soledad
y a la falta de comunicación;
todos los cables están cortados, amigos míos,
viven más allá de los extremos separados.

Así que escribo estas líneas para ti
que también has sentido el deseo de morir,
pero tu codicia por la vida prevalece –
bebiendo café, contando historias.

Nuestras prerrogativas como hombres
se cancelarán quién sabe cuándo;
todavía bcbo a tu salud antcs
que la culata golpee la puerta.

THE SUNLIGHT ON THE GARDEN

The sunlight on the garden
Hardens and grows cold,
We cannot cage the minute
Within its nets of gold,
When all is told
We cannot beg for pardon.

Our freedom as free lances
Advances towards its end;
The earth compels, upon it
Sonnets and birds descend;
And soon, my friend,
We shall have no time for dances.

The sky was good for flying
Defying the church bells
And every evil iron
Siren and what it tells:
The earth compels,
We are dying, Egypt, dying.

LA LUZ DEL SOL SOBRE EL JARDÍN

La luz del sol sobre el jardín
se endurece y brota el frío,
no podemos enjaular el minuto
dentro de sus redes de oro,
cuando se ha dicho todo
no podemos rogar perdón.

Nuestra libertad como lanzas libres
se aproxima hacia su fin;
la tierra obliga, sobre ella los
sonetos y los pájaros descienden;
y pronto, camarada,
no tendremos tiempo para bailar.

El cielo estaba límpido para el vuelo,
desafiando las campanas de la iglesia
y cada vil sirena
de hierro y lo que dice:
la tierra obliga,
estamos muriendo, Egipto, muriendo.

And not expecting pardon,
Hardened in heart anew,
But glad to have sat under
Thunder and rain with you,
And grateful too
For sunlight on the garden.

III

Y sin aguardar perdón,
con el corazón endurecido nuevamente,
pero contentos de haber tomado asiento
bajo el trueno y la lluvia con ustedes,
y agradecidos también
por la luz del sol sobre el jardín.

THE CLOSING ALBUM

1
Dublin

Grey brick upon brick,
Declamatory bronze
On sombre pedestals –
O'Connell, Grattan, Moore –
And the brewery tugs and the swans
On the balustraded stream
And the bare bones of a fanlight
Over a hungry door
And the air soft on the cheek
And porter running from the taps
With a head of yellow cream
And Nelson on his pillar
Watching his world collapse.

This never was my town,
I was not born or bred
Nor schooled here and she will not
Have me alive or dead
But yet she holds my mind

EL ÁLBUM DE CIERRE

1
Dublín

Gris ladrillo sobre ladrillo,
bronce declamatorio
sobre pedestales sombríos –
O'Connell, Grattan, Moore –
y los remolcadores de cerveza y los cisnes
en la corriente con balaustradas
y el desnudo esqueleto de una claraboya
sobre una puerta hambrienta
y el aire suave sobre la mejilla
y *porter* corriendo por los grifos
coronado de crema amarilla
y Nelson en su columna
viendo colapsar su mundo.

Ésta nunca fue mi ciudad,
aquí no nací ni me crié
ni me eduqué ni me tendrá
vivo o muerto,
y sin embargo capta mi atención

With her seedy elegance,
With her gentle veils of rain
And all her ghosts that walk
And all that hide behind
Her Georgian façades –
The catcalls and the pain,
The glamour of her squalor,
The bravado of her talk.

The lights jig in the river
With a concertina movement
And the sun comes up in the morning
Like barley-sugar on the water
And the mist on the Wicklow hills
Is close, as close
As the peasantry were to the landlord,
As the Irish to the Anglo-Irish,
As the killer is close one moment
To the man he kills,
Or as the moment itself
Is close to the next moment.

She is not an Irish town
And she is not English,
Historic with guns and vermin

con su sórdida elegancia,
con sus suaves velos de lluvia
y todos sus fantasmas que caminan
y todo lo que se esconde detrás
de sus fachadas georgianas –
los piropos y el dolor,
el glamour de su miseria,
la bravata de su habla.

Las luces bailan gigas en el río
con un movimiento de acordeón
y el sol sale por la mañana
como azúcar de cebada en el agua
y la niebla en las colinas de Wicklow
está cerca, tan cerca
como lo estaba el campesinado del terrateniente,
como el irlandés del angloirlandés,
como el asesino del que se acerca por un instante
al hombre que mata,
o como el momento mismo
se acerca al momento siguiente.

No es ésta una ciudad irlandesa
ni tampoco inglesa,
histórica por sus cañones y alimañas

And the cold renown
Of a fragment of Church latin,
Of an oratorical phrase.
But oh the days are soft,
Soft enough to forget
The lesson better learnt,
The bullet on the wet
Streets, the crooked deal,
The steel behind the laugh,
The Four Courts burnt.

Fort of the Dane,
Garrison of the Saxon,
Augustan capital
Of a Gaelic nation,
Appropriating all
The alien brought,
You give me time for thought
And by a juggler's trick
You poise the toppling hour –
O greyness run to flower,
Grey stone, grey water,
And brick upon grey brick.

y por el frío renombre
de un fragmento de latín eclesiástico,
de una frase retórica.
Pero los días son suaves,
lo suficientemente suaves para olvidar
la lección mejor aprendida,
la bala en la húmeda
calle, el trato tramposo,
el acero detrás de la risa,
el incendio de Four Courts.

Fuerte del danés,
guarnición del sajón,
capital augusta
de una nación gaélica
que se apropia de todo
lo que trajo el extranjero,
me diste tiempo para pensar
y con un truco de malabarista
preparas la hora de la caída –
grisura que llega a florecer,
piedra gris, agua gris,
gris ladrillo sobre ladrillo.

FLIGHT OF THE HEART

Hear, my heart, what will you do?
There are five lame dogs and one deaf-mute
All of them with demands on you.

    I will build myself a copper tower
    With four ways out and no way in
    But mine the glory, mine the power.

And what if the tower should shake and fall
With three sharp taps and one big bang?
What would you do with yourself at all?

    I would go in the cellar and drink the dark
    With two quick sips and one long pull,
    Drunk as a lord and gay as a lark.

But what when the cellar roof caves in
With one blue flash and nine old bones?
How, my heart, will you save your skin?

    I will go back where I belong
    With one foot first and both eyes blind
    I will go back where I belong
    In the fore-being of mankind.

VUELO DEL CORAZÓN

Escucha, corazón mío, ¿qué vas a hacer?
Hay cinco perros heridos y un sordomudo
todos ellos con exigencias para ti.

Me construiré una torre de cobre
con cuatro salidas y ninguna entrada
pero la gloria es mía, mío el poder.

¿Y si la torre temblara y cayera,
con tres golpes bruscos y una gran explosión?
¿Entonces qué harías?

Iría al sótano y bebería la oscuridad
con dos rápidos sorbos y un trago largo,
ebrio como un señor y alegre como una alondra.

Pero cuando el techo de la bodega se derrumbe,
con un destello azul y nueve huesos viejos,
¿cómo salvarás tu pellejo, corazón mío?

Volveré a donde pertenezco
con un pie primero y ambos ojos ciegos
volveré a donde pertenezco
al pre-ser de la humanidad.

AUTOBIOGRAPHY

In my childhood trees were green
And there was plenty to be seen.

Come back early or never come.

My father made the walls resound,
He wore his collar the wrong way round.

Come back early or never come.

My mother wore a yellow dress;
Gently, gently, gentleness.

Come back early or never come.

When I was five the black dreams came;
Nothing after was quite the same.

Come back early or never come.

The dark was talking to the dead;
The lamp was dark beside my bed.

AUTOBIOGRAFÍA

En mi infancia los árboles eran verdes
y había mucho para ver.

Vuelve temprano o no vengas nunca.

Mi padre hizo resonar las paredes,
llevaba el cuello puesto al revés.

Vuelve temprano o no vengas nunca.

Mi madre llevaba un vestido amarillo;
suavemente, suavemente, con delicadeza.

Vuelve temprano o no vengas nunca.

A los cinco años llegaron los sueños negros;
nada volvió a ser como antes.

Vuelve temprano o no vengas nunca.

La oscuridad le estaba hablando a los muertos;
la lámpara estaba oscura junto a mi cama.

Come back early or never come.

When I woke they did not care;
Nobody, nobody was there.

Come back early or never come.

When my silent terror cried,
Nobody, nobody replied.

Come back early or never come.

I got up; the chilly sun
Saw me walk away alone.

Come back early or never come.

Vuelve temprano o no vengas nunca.

Cuando desperté no les importó;
nadie, ninguno de ellos estaba allí.

Vuelve temprano o no vengas nunca.

Cuando mi silencioso terror gritó,
nadie, ninguno de ellos respondió.

Vuelve temprano o no vengas nunca.

Me levanté; el gélido sol
me vio alejarme solo.

Vuelve temprano o no vengas nunca.

PRAYER BEFORE BIRTH

I am not yet born; O hear me.
Let not the bloodsucking bat or the rat or the stoat or the
    club-footed ghoul come near me.

I am not yet born, console me.
I fear that the human race may with tall walls wall me,
    with strong drugs dope me, with wise lies lure me,
        on black racks rack me, in blood-baths roll me.

I am not yet born; provide me
With water to dandle me, grass to grow for me, trees to talk
    to me, sky to sing to me, birds and a white light
        in the back of my mind to guide me.

I am not yet born; forgive me
For the sins that in me the world shall commit, my words
    when they speak me, my thoughts when they think me,
        my treason engendered by traitors beyond me,
            my life when they murder by means of my
                hands, my death when they live me.

PLEGARIA ANTES DE NACER

Aún no he nacido; escúchame.
No dejes que el vampiro o la rata, la comadreja
    o el gul con pata de palo se me acerquen.

Aún no he nacido; consuélame.
Temo que la humanidad me encierre en altos muros,
    con fuertes drogas me narcotice, con sabias mentiras me engañe,
        en negros bastidores me torture, en baños de sangre me hunda.

Aún no he nacido; dame
agua que me arrulle, hierba que crezca para mí, árboles
    que me hablen, cielos que me canten, aves y una luz blanca
        en el abismo de mi cabeza para orientarme.

Aún no he nacido; perdóname
por los pecados que el mundo cometa en mí, por mis palabras
    cuando hablen por mí; mis pensamientos cuando me piensen,
        por mi traición en manos de traidores más allá de mí,
            por mi vida cuando asesinen con
                mis manos, por mi muerte cuando me vivan.

I am not yet born; rehearse me
In the parts I must play and the cues I must take when
    old men lecture me, bureaucrats hector me, mountains
        frown at me, lovers laugh at me, the white
            waves call me to folly and the desert calls
                me to doom and the beggar refuses
                    my gift and my children curse me.

I am not yet born; O hear me,
Let not the man who is beast or who thinks he is God
    come near me.

I am not yet born; O fill me
With strength against those who would freeze my
    humanity, would dragoon me into a lethal automaton,
        would make me a cog in a machine, a thing with
            one face, a thing, and against all those
                who would dissipate my entirety, would
                    blow me like thistledown hither and
                      thither or hither and thither
                        like water held in the
                          hands would spill me.

Let them not make me a stone and let them not spill me.
Otherwise kill me.

Aún no he nacido; ensáyame
en los roles que me toque actuar y las señas que deba entender
  cuando los viejos me den cátedra, los burócratas me intimiden, las montañas
    me desdeñen, los amantes se burlen, las blancas
      olas me llamen a la locura y el desierto
        a la estupidez y el mendigo rechace
          mi limosna y mis hijos me maldigan.

Aún no he nacido; escúchame,
no dejes que el hombre que es bestia o se cree Dios
  se me acerque.

Aún no he nacido; lléname
de fuerza para hacer frente a aquellos que querrán congelar mi
  humanidad, convertirme en un autómata letal,
    volverme un engranaje de la máquina, una cosa con
      una cara, una cosa, y contra todos quienes
        busquen quebrar mi integridad, quieran
          soplarme como a una mala hierba
            de aquí para allá, de aquí para allá,
              sostenerme como agua
                entre las manos.

No dejes que me conviertan en piedra ni dejes que me derramen.
De otro modo, mátame.

UNDER THE MOUNTAIN

Seen from above
The foam in the curving bay is a goose-quill
That feathers … unfeathers … itself.

Seen from above
The field is a flap and the haycocks buttons
To keep it flush with the earth.

Seen from above
The house is a silent gadget whose purpose
Was long since obsolete.

But when you get down
The breakers are cold scum and the wrack
Sizzles with stinking life.

When you get down
The field is a failed or a worth-while crop, the source
Of back-ache if not heartache.

And when you get down
The house is a maelstrom of loves and hates where you –
Having got down – belong.

BAJO LA MONTAÑA

Vista desde arriba
la espuma en la bahía es una pluma de ganso
que se abre … y se cierra … sobre sí misma.

Visto desde arriba
el campo es un trozo de tela y los fardos de paja botones
que la mantienen al ras de la tierra.

Vista desde arriba
la casa es un artilugio silencioso cuyo propósito
hace tiempo es obsoleto.

Pero cuando uno baja
las rompientes son escoria fría y las algas
arden de apestosa vida.

Cuando uno baja
el campo es una cosecha provechosa o fallida, la fuente
del dolor de espalda, si no de angustia.

Y cuando uno baja
la casa es una vorágine de amores y odios donde uno –
que ha bajado – pertenece.

TO POSTERITY

When books have all seized up like the books in graveyards
And reading and even speaking have been replaced
By other, less difficult, media, we wonder if you
Will find in flowers and fruit the same colour and taste
They held for us for whom they were framed in words,
And will your grass be green, your sky be blue,
Or will your birds be always wingless birds?

A LA POSTERIDAD

Cuando los libros hayan sido embargados en cementerios de libros
y la lectura e incluso el habla hayan sido reemplazados
por otros medios menos dificultosos, nos preguntaremos si
encontrarás en las flores y frutos el mismo color y sabor
que solían tener cuando los enmarcábamos en palabras,
y si será verde tu hierba, azul tu cielo,
o serán tus pájaros siempre pájaros sin alas.

THE SUICIDE

And this, ladies and gentlemen, whom I am not in fact
Conducting, was his office all those minutes ago,
This man you never heard of. These are the bills
In the intray, the ash in the ashtray, the grey memoranda stacked
Against him, the serried ranks of the box-files, the packed
Jury of his unanswered correspondence
Nodding under the paperweight in the breeze
From the window by which he left; and here is the cracked
Receiver that never got mended and here is the jotter
With his last doodle which might be his own digestive tract
Ulcer and all or might be the flowery maze
Through which he had wandered deliciously till he stumbled
Suddenly finally conscious of all he lacked
On a manhole under the hollyhocks. The pencil
Point had obviously broken, yet, when he left this room
By catdrop sleight-of-foot or simple vanishing act,
To those who knew him for all that mess in the street
This man with the shy smile has left behind
Something that was intact.

EL SUICIDA

Y ésta, señoras y señores, a quienes no estoy en realidad
guiando, era su oficina hasta hace un rato,
este hombre del que nunca oyeron hablar. Ahí están las facturas
en la bandeja, la ceniza en el cenicero, las carpetas grises apiladas
contra él, los archivos en serie, el parcial
jurado de su correspondencia sin responder
dormitando bajo el pisapapeles en la brisa
desde la ventana donde se lanzó; y aquí está el agrietado
receptor que nunca reparó y aquí el bolígrafo
con su último dibujo que podría ser su propia úlcera intestinal
o el laberinto de flores
por el que había vagado exquisitamente hasta que tropezó
sorpresivamente con una alcantarilla bajo las malvarrosas,
consciente, al fin, de todas sus carencias. La punta del bolígrafo
obviamente se había roto, aunque, cuando abandonó esta habitación
mediante un salto felino o un simple acto de desaparición,
para quienes recién lo conocieron por el desastre en la calle
este hombre con tímida sonrisa dejó atrás
algo que estaba intacto.

✳

Spring Voices (Louis MACNEICE, *Selected poems*, Publisher Winston-Salem, N.C. : Wake Forest University Press, 1990, p. 18 | Traducción: Juan Arabia)

Snow (Louis MACNEICE, *Selected poems*, Publisher Winston-Salem, N.C. : Wake Forest University Press, 1990, p. 23 | Traducción: Rodrigo Arriagada Zubieta)

The Heated Minutes (Louis MACNEICE, *The Earth Compels*, Faber and Faber, London, 1938, p. 12 | Traducción: Rodrigo Arriagada Zubieta)

Carrickfergus (Louis MACNEICE, *Selected poems*, Publisher Winston-Salem, N.C.: Wake Forest University Press, 1990, pp. 24-25 | Traducción: Rodrigo Arriagada Zubieta)

Postcript to Iceland | for W. H. Auden (Louis MACNEICE, *Selected poems*, Publisher Winston-Salem, N.C. : Wake Forest University Press, 1990, pp. 34-36 | Traducción: Juan Arabia)

The Sunlight on the Garden (Louis MACNEICE, *Selected poems*, Publisher Winston-Salem, N.C. : Wake Forest University Press, 1990, p. 38 | Traducción: Rodrigo Arriagada Zubieta)

The Closing Album | 1 - Dublin (Louis MACNEICE, *Selected poems*, Publisher Winston-Salem, N.C. : Wake Forest University Press, 1990, pp. 74-75 | Traducción: Juan Arabia)

Flight of the Heart (Louis MACNEICE, *Selected poems*, Publisher Winston-Salem, N.C. : Wake Forest University Press, 1990, p. 87 | Traducción: Juan Arabia)

Autobiography (Louis MACNEICE, *Selected poems*, Publisher Winston-Salem, N.C.: Wake Forest University Press, 1990, p. 88 | Traducción: Juan Arabia)

Prayer Before Birth (Louis MACNEICE, *Selected poems*, Publisher Winston-Salem, N.C. : Wake Forest University Press, 1990, pp. 93-94 | Traducción: Rodrigo Arriagada Zubieta)

Under the Mountain (Louis MACNEICE, *Selected poems*, Publisher Winston-Salem, N.C. : Wake Forest University Press, 1990, pp. 110 | Traducción: Juan Arabia)

To Posterity (Louis MACNEICE, *Selected poems*, Publisher Winston-Salem, N.C.: Wake Forest University Press, 1990, p. 125 | Traducción: Rodrigo Arriagada Zubieta)

The Suicide (Louis MACNEICE, *Selected poems*, Publisher Winston-Salem, N.C.: Wake Forest University Press, 1990, p. 148 | Traducción: Rodrigo Arriagada Zubieta)

Stephen Spender

Stephen Harold Spender nació el 28 de febrero de 1909 en Londres. Asistió a la Oxford University y luchó en la Guerra Civil Española. En las décadas de 1920 y 1930 se asoció con otros poetas y escritores socialistas, como W. H. Auden, Christopher Isherwood, Louis MacNeice y C. Day Lewis, y a menudo su primera poesía se inspiró en la protesta social. Durante la Segunda Guerra Mundial, Spender trabajó para el servicio de bomberos de Londres. Co-fundó la revista *Horizon* con Cyril Connolly, donde se desempeñó como editor desde 1939 hasta 1941. Fue editor, además, de la revista *Encounter* entre 1953 y 1966.

Preservando una reverencia por los valores tradicionales y un alto nivel de artesanía, Spender (como todos los poetas de esta generación) se alejó del esoterismo de T. S. Eliot, insistiendo en que el escritor se mantuviese en contacto con los temas políticos urgentes del momento y que hablese con una voz cuya claridad pudiese ser entendida por todos.

Entre los numerosos libros de poesía de Spender destacan: *Dolphins* (1994), *The Generous Days* (1971), *Poems of Dedication* (1946) y *The Still Center* (1939). Spender fue profesor de inglés en el University College de Londres, entre 1970 y 1977, y dio frecuentes giras de conferencias en los Estados Unidos. Fue nombrado caballero en 1983. Murió en su ciudad natal el 16 de julio de 1995.

NOT TO YOU

Not to you I sighed. No, not a word.
We climbed togheter. Any feelings was
Formed with the hills. It was like trees' unheard
And monumental sign of country peace.

But next day, stumbling, panting up dark stairs,
Rushing in room and door flung wide, I knew.
Oh empty walls, book-carcases, blank chairs
All splintered in my head and cried for you.

NO PARA TI

No para ti suspiré. No, ni una palabra.
Subimos juntos. Cualquier sentimiento fue
formado con las colinas. Fue como si los árboles no se hubieran escuchado
y signo monumental de la paz del país.

Pero al siguiente día, tropezando, jadeando por escaleras oscuras,
corriendo en la habitación, mientras la puerta se abría, lo supe.
Oh, paredes vacías, cadáveres de libros, sillas en blanco
todo se astilló en mi cabeza y lloré por ti.

ROUGH

My parents kept me from children who were rough
Who threw words like stones and wore torn clothes.
Their thighs showed through rags. They ran in the street
And climbed cliffs and stripped by the country streams.

I feared more than tigers their muscles like iron
Their jerking hands and their knees tight on my arms.
I feared the salt coarse pointing of those boys
Who copied my lisp behind me on the road.

They were lithe, they sprang out behind hedges
Like dogs to bark at my world. They threw mud
While I looked the other way, pretending to smile.
I longed to forgive them, but they never smiled.

RUDO

Mis padres me apartaban de los chicos más rudos
que lanzaban palabras como piedras y usaban ropas descosidas.
Sus muslos se veían a través de los harapos. Ellos corrían por la calle
y trepaban por acantilados y se desnudaban junto a los arroyos del campo.

Temía a sus músculos de acero más que a tigres,
a sus manos temblorosas y sus rodillas apretadas sobre mis brazos.
Temía el grosero señalar de esos muchachos
que imitaban a mis espaldas mi seseo por las calles.

Eran ágiles, aparecían como perros detrás de los cercos
para ladrarle a mi mundo. Lanzaban barro
mientras yo miraba hacia otro lado, fingiendo sonreír.
Tenía ganas de perdonarlos, pero ellos nunca sonreían.

SOUVENIR DE LONDRES

My parents quarrel in the neighbour room: –
"How did you sleep last night?" "I woke at four
To hear the wind that sulks along the floor
Blowing up dust like ashes from the tomb."

"I was awake at three." "I heard the moth
Breed perilous worms." "I wept
All night, watching you rest." "I never slept
Nor sleep at all". Thus ghastly they speak, both.

How can these sleep who eat upon their fear
And watch their dreadful love fade as it grows?
Their life flowers like an antique lovers' rose
Set puff'd and spreading in the chemist's jar.

I am your son, and from bad dreams arise.
My sight is fixed with horror, as I pass
Before the transitory glass
And watch the fungus cover up my eyes.

SOUVENIR DE LONDRES

Mis padres se pelean en la habitación de al lado: –
"¿Cómo dormiste anoche?" "Desperté a las cuatro
para escuchar el enfadado viento sobre el suelo
levantando polvo como cenizas de una tumba".

"Yo estaba despierto a las tres". "Oí a la polilla
engendrar gusanos peligrosos". "Lloré
toda la noche, mirándote descansar". "Nunca duermo,
nunca duermo nada". Así de horrible es como ellos hablan.

¿Cómo pueden dormir los que se alimentan de su miedo
y ven cómo su terrible amor se apaga a medida que crece?
Sus vidas florecen como la rosa de un antiguo amante
hinchadas y esparcidas en un frasco farmacéutico.

Yo soy su hijo, nacido de los malos sueños.
Mi vista se detiene horrorizada al pasar
delante del vidrio transitorio
y veo cómo el moho cubre mi mirada.

THE SHADOW OF A WAR

Who live under the shadow of a war,
What can I do that matters?
My pen stops, and my laughter, dancing, stop,
Or ride to a gap.

How often, on the powerful crest of pride,
I am shot with thought
That halts the untamed horses of the blood,
The grip on good;

That moving, whimpering, and mating, bear
Tunes to deaf ears:
Stuffed with the realer passions of the earth
Beneath this hearth.

LA SOMBRA DE UNA GUERRA

Para el que vive bajo la sombra de una guerra,
¿qué puedo hacer que importe?
Mi pluma se detiene, y mi risa bailando se detiene,
o cabalga hasta un espacio vacío.

Cuan a menudo, en la poderosa cresta del orgullo,
me dispara el pensamiento
que detiene los indomables caballos de la sangre,
la empuñadura del bien;

ese oso moviéndose, aparándose y gimiendo
melodías para sordos oídos:
repleto de las pasiones más reales de la tierra
debajo de este hogar.

THE TRULY GREAT

I think continually of those who were truly great.
Who, from the womb, remembered the soul's history
Through corridors of light where the hours are suns,
Endless and singing. Whose lovely ambition
Was that their lips, still touched with fire,
Should tell of the Spirit, clothed from head to foot in song.
And who hoarded from the Spring branches
The desires falling across their bodies like blossoms.

What is precious, is never to forget
The essential delight of the blood drawn from ageless springs
Breaking through rocks in worlds before our earth.
Never to deny its pleasure in the morning simple light
Nor its grave evening demand for love.
Never to allow gradually the traffic to smother
With noise and fog, the flowering of the Spirit.

Near the snow, near the sun, in the highest fields,
See how these names are fêted by the waving grass
And by the streamers of white cloud
And whispers of wind in the listening sky.
The names of those who in their lives fought for life,

LOS VERDADERAMENTE GRANDES

Pienso a menudo en aquellos que fueron verdaderamente grandes.
Quienes, desde el útero, recordaron la historia del alma
a través de corredores de luz donde las horas son soles
infinitos y entonados. Cuya encantadora ambición
fue que sus labios, incluso quemados por el fuego,
hablasen del Espíritu vestido de canción de los pies a la cabeza.
Y quienes atesoraron desde ramas primaverales
los deseos desprendidos de sus cuerpos como flores.

Es precioso no olvidar nunca
el deleite esencial de la sangre extraída de jóvenes primaveras,
irrumpiendo entre las rocas en mundos anteriores a nuestra tierra.
Nunca negar sus placeres en la simple luz matinal
ni su severa demanda de amor vespertina.
Ni permitir gradualmente el tránsito que sofoca,
con estrépito y bruma, la floración del Espíritu.

Cerca de la nieve, cerca del sol, en los campos escarpados,
ve cómo estos nombres son festejados por la hierba ondulante
y por serpenteantes nubes blancas
y por el susurro del viento en el cielo que atento escucha.
Los nombres de los que en vida lucharon por la vida

Who wore at their hearts the fire's centre.
Born of the sun, they travelled a short while toward the sun
And left the vivid air signed with their honour.

y mantuvieron en sus corazones el centro del fuego.
Nacidos del sol, hicieron un corto viaje hacia el sol
y dejaron el vívido aire firmado con su honor.

THE PYLONS

The secret of these hills was stone, and cottages
Of that stone made,
And crumbling roads
That turned on sudden hidden villages.

Now over these small hills, they have built the concrete
That trails black wire;
Pylons, those pillars
Bare like nude giant girls that have no secret.

The valley with its gilt and evening look
And the green chestnut
Of customary root,
Are mocked dry like the parched bed of a brook.

But far above and far as sight endures
Like whips of anger
With lightning's danger
There runs the quick perspective of the future.

TORRES DE ALTA TENSIÓN

La piedra era el secreto de estas colinas y cabañas
hechas de esa piedra
y caminos en ruinas
repentinamente convertidos en pueblos fantasmas.

Ahora, en estas colinas, se levanta el cemento
que sigue el rastro de cables negros;
torres de alta tensión, diáfanas columnas
desnudas como impúdicas chicas voluptuosas.

El valle con su aspecto nocturno
y el castaño verde
de raíz familiar
quedan atrás como el lecho reseco de un arroyo.

Pero bien arriba, tanto como la vista alcanza,
como azotes furibundos
y con el peligro de un rayo
destella la veloz perspectiva del futuro.

This dwarfs our emerald country by its trek
So tall with prophecy:
Dreaming of cities
Where often clouds shall lean their swan-white neck.

Con su golpe contraen nuestro país esmeralda
tan alto de augurios:
soñando ciudades
donde a menudo las nubes posarán sus níveos cuellos de cisnes.

IN NO MAN'S LAND

Only the world changes, and time its tense
Against the creeping inches of whose moons
He launches his rigid continual present.

The grass will grow its summer beard and beams
Of sunlight melt the iron slumber
Where soldiers lie locked in their final dreams.

His corpse be covered with the white December
And roots push through his skin as through a drum
When the years and fields forget, but the bones remember.

EN TIERRA DE NADIE

Sólo el mundo cambia, y el tiempo es tenso
contra el imperceptible movimiento de cuyas lunas
empuja su rígido presente continuo.

La hierba se dejará crecer su barba estival y los rayos
de sol derretirán la siesta inexpugnable
donde los soldados yacen confinados a un sueño final.

El blanco Diciembre cubrirá su cadáver
y las raíces perforarán su piel como si fuera un tambor
cuando los años y los campos olviden, pero los huesos recuerden.

THE ROOM ABOVE THE SQUARE

The light in the window seemed perpetual
When you stayed in the high room for me;
It glowed above the trees through leaves
Like my certainty.

The light is fallen and you are hidden
In sunbright peninsulas of the sword:
Torn like leaves through Europe is the peace
That through us flowed.

Now I climb up alone to the high room
Above the darkened square
Where among stones and roots, the other
Unshattered lovers are.

LA HABITACIÓN SOBRE LA PLAZA

La luz de la ventana parecía perpetua
cuando te quedaste por mí en la habitación alta;
brillaba sobre los árboles a través de las hojas
como mi certeza.

La luz ha caído y estás escondido
en penínsulas de espada iluminadas por el sol:
desgarrada como hojas por Europa es la paz
que fluyó a través nuestro.

Ahora subo solo a la habitación alta
sobre la plaza oscurecida
donde entre piedras y raíces
están los otros amantes inquebrantables.

ULTIMA RATIO REGUM

The guns spell money's ultimate reason
In letters of lead on the spring hillside.
But the boy lying dead under the olive trees
Was too young and too silly
To have been notable to their important eye.
He was a better target for a kiss.

When he lived, tall factory hooters never summoned him
Nor did restaurant plate-glass doors revolve to wave him in
His name never appeared in the papers.
The world maintained its traditional wall
Round the dead with their gold sunk deep as a well,
Whilst his life, intangible as a Stock Exchange rumour, drifted outside.

O too lightly he threw down his cap
One day when the breeze threw petals from the trees.
The unflowering wall sprouted with guns,
Machine-gun anger quickly scythed the grasses;
Flags and leaves fell from hands and branches;
The tweed cap rotted in the nettles.

ULTIMA RATIO REGUM

Las armas dictan la última razón del capital
en letras de plomo sobre los faldeos primaverales.
Pero el hombre que yace muerto bajo los olivos
era demasiado joven y tonto
para que lo notara el ojo de alguien importante.
Era mejor blanco para un beso.

Mientras vivió, las sirenas de las grandes fábricas
y las puertas giratorias del restaurante nunca lo llamaron.
Su nombre nunca apareció en la prensa.
El mundo mantuvo su tradicional muro
en torno a los muertos con su oro enterrado en un pozo,
mientras su vida, intangible como una Especulación Bursátil, se arrastraba
|a la deriva.

Un día tiró su gorra con demasiada ligereza
cuando la brisa sopló pétalos de los árboles.
Del muro sin flores brotaron armas,
la ira de las ametralladoras segó enseguida las hierbas;
banderas y hojas cayeron de las manos y las ramas;
la gorra de *tweed* podrida entre las ortigas.

Consider his life which was valueless
In terms of employment, hotel ledgers, news files.
Consider. One bullet in ten thousand kills a man.
Ask. Was so much expenditure justified
On the death of one so young and so silly
Lying under the olive tree, O world, O death?

Ahora piensa en su vida sin valor
en términos de empleo, registros de hoteles, archivos de prensa.
Piensa. Una bala entre diez mil mata a un hombre.
Y pregúntate. ¿Es razonable ese derroche
por la muerte de alguien demasiado joven y tonto
que yace bajo los olivos, oh mundo, oh muerte?

AS I SIT STARING...

As I sit staring out of my window
Wasting time which the traffic does not waste,
Nor any of the passers by in the street
Who keep time with time as they go
Measuring the seconds with their feet,
In their minds riding the crested tide
On white horses of pursuant days
I think of you, James, at another window
With your stubby hands relaxed and your blue gaze
Invaded by a sense of emptiness,
Startled as if a gust of air,
Had blown through the interstices
Of your mind and hair,
Ruffling your forehead with a puzzled despair.
    But I have learned lately that the spaces
And the timeless loneliness
Of the unfruitful waste spaces,
The desert, the untidy room, and the hour
Between waking and sleep,
Are windows opened onto power
Where we become most what we are,
When the conscious eye and ear

CUANDO ME SIENTO A MIRAR...

Cuando me siento a mirar por la ventana
perdiendo el tiempo que el tráfico no pierde,
ni ninguno de los peatones que en la calle
gana tiempo al tiempo al pasar,
midiendo los segundos con sus pies,
cabalgando en sus cabezas la empinada multitud
sobre caballos blancos de días después,
yo pienso en ti, James, en otra ventana
con tus gruesas manos relajadas y tu mirada azul
invadida por la sensación de vacío,
desconcertado como si una ráfaga de aire
hubiese soplado en los intersticios
de tu mente y tus cabellos,
alborotando tu frente perplejamente desesperada.
    Pero últimamente he aprendido que los espacios
y la soledad intemporal
de estériles lugares desperdiciados,
el desierto, la habitación desordenada, y la hora
entre el sueño y la vigila,
son ventanas abiertas a la energía
donde llegamos a ser los que somos,
cuando la mirada y el oído

Are severed from what they see and hear
And in the hollow silent blackness deep,
Living tunes and images flower.

se retraen atentos de lo que ven y escuchan,
y en la profundidad de la oscuridad silenciosa
florecen imágenes y vivas melodías.

A MAN-MADE WORLD

What a wild room
We enter, when the gloom
Of windowless night
Shuts us from light

In a black malicious box.
Then a key locks
Us into the utter dark
Where the nerves hark

For the man-made toys
To whirr, unwinding noise.
The siren wails. After,
Broomsticks climb air,

Clocks break their springs,
The the fire bell rings.
From high and low comes,
The thunder of the drums.

Ah, what white rays gleaming
Up to the sky's low ceilling!

UN MUNDO CREADO POR EL HOMBRE

A qué habitación tan salvaje
entramos, cuando la penumbra
de la noche sin ventanas
nos aparta de la luz

en una negra caja maliciosa.
Entonces una llave nos encierra
en una oscuridad total
donde los nervios se escuchan

por los juguetes hechos por el hombre
para zumbar, desenrollar el ruido.
Los gemidos de sirena. Después,
palos de escoba trepan por el aire,

los relojes rompen sus resortes,
suena la campana de fuego.
Desde lo alto y lo bajo llega
el trueno de los tambores.

¡Ah, qué blancos rayos relucen
hasta el bajo techo del cielo!

Ah, what flashes show
A woman who cries: "Oh!"

Thus the world we made
Pays back what we paid;
Thus the dark descends
Our means became our ends.

Ah, qué destellos muestran
una mujer que grita: "¡Oh!"

Así el mundo que hicimos
paga lo que pagamos;
así desciende la oscuridad
nuestros medios se convirtieron en nuestros fines.

TO MY DAUGHTER

Bright clasp of her whole hand around my finger,
My daughter, as we walk togheter now.
All my life I'll feel ring invisibly
Circle this bone with shining: when she is grown
Far from today as her eyes are far already.

A MI HIJA

Un brillante apretón de toda su mano alrededor de mi dedo,
hija mía, mientras caminamos juntos ahora.
Toda mi vida sentiré un anillo invisible
rodear este hueso con brillo: cuando sea mayor,
lejos del día de hoy, porque sus ojos ya están muy lejos.

ONE MORE NEW BOTCHED BEGINNING

Their voices heard, I stumble suddenly,
Choking in undergrowth. I'm torn
Mouth pressed against the thorns,
                              remembering
    Ten years ago here in Genova,

I walked with Merleau-Ponty by the lake.
Upon his face I saw his intellect.
The energy of the sun-interweaving
Waves, electric, danced on him. His eyes
Smiled with their gay logic through
Black coins thrown down from leaves. He who
Was Merleau-Ponty that day is no more
Irrevocable than the I that day who was
Beside him – I'm still living!

        Also that summer
My son stayed up the valley in the mountains.
One day I went to see him, and he stood
Not seeing me, watching some hens.
Doing so, he was abosorbed
In their wire-netted world. He danced

UN NUEVO COMIENZO FALLIDO

Escuché sus voces, me tropiezo de repente,
ahogándose en la maleza. Tengo la boca
desgarrada, presionada contra las espinas
                                    recordando
          diez años atrás aquí en Génova,

caminé con Merleau-Ponty por el lago.
En su rostro pude ver su intelecto.
La energía de las ondas que se entrelazaban
con el sol, eléctricas, bailaban sobre él. Sus ojos
sonrieron con su lógica encantadora a través de
negras monedas que caían desde las hojas. Él, que
fue Merleau-Ponty ese día, no es más
irrevocable que el yo que estuvo
junto a él – ¡Todavía sigo con vida!

          Ese mismo verano
mi hijo se quedó en el valle de las montañas.
Un día fui a verlo, y se puso de pie
sin verme, observando unas gallinas.
Al hacerlo, fue absorbido
en su mundo de alambrado. Y bailó

On one leg. Leaning forward, he became
A bird-boy. I am there
Still seeing him. To him,
That moment − unselfknowing even then −
Is drowned in the oblivious earliness . . .

         Such pasts
Are not diminished distances, perspective
Vanishing points, but doors
Burst open suddenly by gusts
That seek to blow the heart out.
                  Today, I see
Three undergraduates standing talking in
A college quad. The show each other poems −
Louis MacNeice, Bernard Spencer, and I.
Louis caught cold in the rain, Bernard fell
From a train door.

Their lives are now those poems that were
Pointers to the poems to be their lives.
We read there in the college quad, each poem
Is still a new beggining. If
They had been finished though, they would have died
Before the died. Being alive
Is when each moment's a new start, with past

sobre una pierna. Inclinándose hacia delante, se convirtió
en un chico pájaro. Estoy allí
todavía mirándolo. Para él,
ese momento – incluso entonces sin saberlo –
se ahoga en la inconsciente precocidad . . .

                    Tales pasados
no son distancias disminuidas, ni perspectivas
o puntos de fuga, sino puertas
que se abren de repente por ráfagas
que buscan hacer salir el corazón.
                    Hoy veo
a tres estudiantes universitarios de pie hablando en
el patio universitario. Se muestran sus poemas –
Louis MacNeice, Bernard Spencer y yo.
Louis se resfrió bajo la lluvia, Bernard cayó
desde la puerta de un tren.

Sus vidas son ahora esos poemas que fueron
presagios de los poemas que son sus vidas.
Leemos allí en el patio de la universidad, cada poema
es todavía un nuevo comienzo. Sin embargo,
si hubieran terminado, habrían muerto
antes de morir. Estar vivo
es cuando cada momento es una nueva estrella, con el pasado

And future shuffled between fingers
For a new game. I'm dealing out
My hand to them, one more new botched beginning
There, where we still stand talking in the quad.

y el futuro barajado entre los dedos
para un nuevo juego. Ahora reparte
mi mano, un nuevo comienzo fallido,
allí, donde seguimos conversando en el patio.

✳

Not to You (Stephen SPENDER, *Selected Poems*, Random House, New York, 1969, p. 4 | Traducción: Juan Arabia)

Rough (Stephen SPENDER, *Selected Poems*, Random House, New York, 1969, p. 9 | Traducción: Juan Arabia)

Souvenir de Londres (Stephen SPENDER, *Selected Poems*, Random House, New York, 1969, p. 12 | Traducción: Juan Arabia)

The Shadow of a War (Stephen SPENDER, *Selected Poems*, Random House, New York, 1969, p. 15 | Traducción: Juan Arabia)

The Truly Great (Stephen SPENDER, *Selected Poems*, Random House, New York, 1969, p. 19 | Traducción: Rodrigo Arriagada Zubieta)

The Pylons (Stephen SPENDER, *Selected Poems*, Random House, New York, 1969, p. 27 | Traducción: Rodrigo Arriagada Zubieta)

In No Man's Land (Stephen SPENDER, *Selected Poems*. Edited by Grey Gowrie, Faber and Faber, London, 2009, p. 57 | Traducción: Rodrigo Arriagada Zubieta)

The Room Above Square (Stephen SPENDER, *Selected Poems*, Random House, New York, 1969, p. 39 | Traducción: Juan Arabia)

Ultima Ratio Regum (Stephen SPENDER, *Selected Poems*. Edited by Grey Gowrie, Faber and Faber, London, 2009, p. 41-42 | Traducción: Rodrigo Arriagada Zubieta)

As i Sit Staring... (*Poetry*, Chicago, 1940 | Traducción: Rodrigo Arriagada Zubieta)

A Man-Made World (Stephen SPENDER, *Selected Poems*, Random House, New York, 1969, pp. 56-57 | Traducción: Juan Arabia)

To My Daughter (Stephen SPENDER, *Selected Poems*, Random House, New York, 1969, p. 73 | Traducción: Juan Arabia)

One More New Botched Beginning (Stephen SPENDER, *Selected Poems*, Random House, New York, 1969, pp. 80-81 | Traducción: Juan Arabia)

Cecil
Day-Lewis

Cecil Day-Lewis nació en Irlanda en 1904, hijo de un ministro de la Iglesia de Irlanda. La familia se mudó a Inglaterra en 1905 y su madre murió tres años después, cuando Cecil tenía cuatro años. Lo cuidaba su padre, con quien tenía una relación difícil, y la hermana de su madre, Agnes. Después de la escuela preparatoria en Londres, Cecil escapó de su padre y se unió a Sherborne School. Luego estudió clásicos en Oxford y desde el principio decidió que intentaría ganarse la vida como poeta. En su último año en Oxford conoció a su compañero de estudios, W. H. Auden, con quien en 1927 editó la colección *Oxford Poetry*.

A principios de la década de 1930, Auden y Day Lewis, junto con Stephen Spender, Louis MacNeice y otros, se hicieron conocidos como un grupo comprometido con las causas sociales, expresando su malestar por las crisis políticas de la década y el surgimiento del fascismo. Day Lewis fue el miembro más políticamente activo del grupo. De hecho, formó parte del Partido Comunista entre 1935 y 1938, pero se desilusionó al conocer las diferentes campañas de persecusión política y crímenes realizados durante la Gran Purga.

En 1946 fue nombrado profesor en Trinity College, Cambridge, y en 1951 en Oxford. En esta época abandonó la vocación revolucionaria de sus textos iniciales. Entre 1964 y 1965 fue profesor de la Cátedra de poesía Charles Eliot Norton en Harvard. El apogeo de su fama tuvo lugar durante 1950-1960, lo que le valió ser nombrado Poeta Laureado en 1968.

Murió en 1972 y fue enterrado cerca de la tumba de Thomas Hardy. En los años transcurridos desde su muerte, Day-Lewis no ha sido objeto de una gran atención crítica como poeta independiente. Si se habla de su trabajo, se hace refiriéndolo a su membresía dentro del grupo de Auden, circunscribiendo toda su actividad poética a la década de 1930. Dada la tendencia crítica casi universal a descuidar a las figuras menores y a exagerar la brecha entre su trabajo y el de los poetas "importantes", no es de extrañar que la reputación de Day-Lewis continúe ligada a la generación de Auden, sin adentrarse la crítica en la médula de sus rasgos particulares.

FINAL INSTRUCTIONS

For sacrifice, there are certain principles –
Few, but essential.

I do not mean your ritual. This you have learnt –
The garland, the salt, a correct use of the knife,
And what to do with the blood:
Though it is worth reminding you that no two
Sacrifices ever turn out alike –
Not where this god is concerned.

The celebrant's approach may be summed up
In three words – patience, joy,
Disinterestedness. Remember, you do not sacrifice
For your own glory or peace of mind:
You are there to assist the clients and please the god.

It goes without saying
That only the best is good enough for the god.
But the best – I must emphasize it – even your best
Will by no means always be found acceptable.
Do not be discouraged:
Some lizard or passing cat may taste your sacrifice
And bless the god: it will not be entirely wasted.

INSTRUCCIONES FINALES

Para el sacrificio, hay ciertos principios –
unos pocos, pero esenciales.

No me refiero a tu ritual. Aquél ya lo aprendiste –
la guirnalda, la sal, la destreza en clavar el cuchillo,
y qué hacer con la sangre:
aunque no está de más recordarte que nunca
dos sacrificios resultan idénticos –
no a los ojos de este dios.

La actitud del oficiante puede resumirse
en tres palabras – paciencia, alegría
y desdén. Recuerda, no sacrificas
para tu propia gloria o tranquilidad mental:
estás ahí para complacer a los espectadores y agradar al dios.

Hace falta decir
que sólo lo mejor es digno para el dios.
Pero lo mejor – debo ser enfático – incluso lo mejor,
por ningún motivo será considerado digno de él.
No te desalientes:
algún lagarto o gato errante pueden experimentar tu sacrificio
y alabar al dios: no será del todo inútil.

But the crucial point is this:
You are called only to *make* the sacrifice:
Whether or no he enters into it
Is the god's affair; and whatever the handbooks say,
You can neither command his presence nor explain it –
All you can do is to make it possible.
If the sacrifice catches fire of its own accord
On the altar, well and good. But do not
Flatter yourself that discipline and devotion
Have wrought the miracle: they have only allowed it.

So luck is all I can wish you, or need wish you.
And every time you prepare to lay yourself
On the altar and offer again what you have to offer,
Remember, my son,
Those words – patience, joy, disinterestedness.

Pero lo crucial es esto:
sólo te está dado *oficiar* el sacrificio:
si el dios participa o no
es asunto de él; y lo que sea te enseñen los manuales,
no puedes ordenar su presencia ni interpretarla –
todo lo que puedes, es hacerlo posible.
Si el sacrificio se incendia en llamas por su cuenta,
sobre el altar, es buena señal. Pero no
presumas que tu piedad y devoción
han obrado el milagro: apenas lo han permitido.

De modo que suerte es todo lo que puedo desearte.
Y cada vez que te dispongas a inclinar
sobre el altar y ofrecer cada vez lo que tienes que ofrecer,
recuerda, hijo mío,
esas palabras – paciencia, alegría, desdén.

WALKING AWAY

For Sean

It is eighteen years ago, almost to the day –
A sunny day with leaves just turning,
The touch-lines new-ruled – since I watched you play
Your first game of football, then, like a satellite
Wrenched from its orbit, go drifting away

Behind a scatter of boys. I can see
You walking away from me towards the school
With the pathos of a half-fledged thing set free
Into a wilderness, the gait of one
Who finds no path where the path should be.

That hesitant figure, eddying away
Like a winged seed loosened from its parent stem,
Has something I never quite grasp to convey
About nature's give-and-take – the small, the scorching
Ordeals which fire one's irresolute clay.

 I have had worse partings, but none that so
Gnaws at my mind still. Perhaps it is roughly
Saying what God alone could perfectly show –
How selfhood begins with a walking away,
And love is proved in the letting go.

ALEJÁNDOSE

Para Sean

Hoy se cumplen dieciocho años –
un soleado día de hojas cambiando de color,
las líneas reglamentarias recién pintadas – desde que te vi jugar
tu primer partido de fútbol, entonces, como un satélite
arrancado de su órbita, te fuiste a la deriva

detrás de un grupo de chicos. Puedo verte
alejándote de mí hacia la escuela
con el patetismo de algo inmaduro puesto en libertad
yendo al desierto, con la desorientación de aquél
que no encuentra camino donde el camino debiese estar.

Esa figura vacilante, arremolinándose
como una alada semilla cortada de su tallo padre,
tiene algo que nunca alcanzo a transmitir
acerca del dar y recibir de la naturaleza, de las pequeñas, abrasadoras
ordalías que disparan nuestra arcilla irresoluta.

He sufrido peores despedidas, pero ninguna
que desgaste aún mi cabeza. Quizás apenas sea posible
decir lo que sólo Dios podría perfectamente mostrar –
que la individualidad comienza con un alejarse,
y el amor es puesto a prueba al dejar ir.

EPILOGUE

Letter to W. H. Auden

A mole first, out of riddling passages
You came up for a breather into my field,
Then back to you engineering; a scheme conjectured
From evidence of earth not cast at random.
The surly vegetable said "What's this
Butting through sand for unapparent reasons?"
The animal said "This fellow is no runner."
Mineral said "Brother, you like the dark."
What are you at down there, nosing among
Saxon skulls, roots of our genealogies?
This is the field of ghosts. There are no clues here;
But dead creators packed in close fibre.
Perhaps your are going straight to some point, straighter
And further than the furrows I drive in daylight.
Daffodils now, the pretty debutantes,
Are curtsying at the first court of the year:
Their schoolgirl smell unmans young lechers. You
Preferred, I remember, the plump boy, the crocus.
Enought of that. They only lie at your feet.
But I, who saw the sapling, prophesied
A growth superlative and branches writing

EPÍLOGO
Carta a W. H. Auden

Un topo primero, fuera de los enigmáticos pasajes
viniste a tomar un respiro a mi campo,
luego volviste a tu ingeniería; un esquema conjeturado
desde la evidencia de la tierra no escogida al azar.
El hosco vegetal dijo: "¿Qué es esto
de entrometerse en la arena por razones poco aparentes?"
El animal dijo: "Este compañero no es un corredor".
El mineral dijo: "Hermano, te gusta la oscuridad".
¿Qué es eso de estar ahí abajo, husmeando entre
cráneos sajones, raíces de nuestras genealogías?
Este es el campo de los fantasmas. No hay pistas aquí;
sino los creadores muertos empaquetados en fibra cerrada.
Quizás vas directo a algún punto, más lejano
y recto de los surcos por los que yo conduzco a la luz del día.
Narcisos ahora, los hermosos debutantes,
están haciendo una reverencia en la primera corte del año:
su colegiala huele jóvenes poco viriles y libertinos.
Tú preferías, recuerdo, al chico regordete, la flor de azafrán.
Basta de esto. Ellos solo se recuestan a tus pies.
Pero yo, que vi el árbol joven, profeticé
un crecimiento superlativo y ramas escribiendo

On heaven a new signature. For I
Looked at no garden shrub, chantry of thrushes;
But such a tree as, gripping its rock perch
On a northern fell within the sound of hammers,
Gives shadow to the stonechat and reminder
Of chastity to men: grown venerable
Will give its name to that part of the country.
This was the second time that you had pulled
The rusty trigger summoning the stragglers.
Once more the bird goes packing, the skeleton
Sets teeth against a further dissolution.
And what have we to hope for who are bound,
Though we strip off the last assurance of flesh
For expedition, to lay our bones somewhere?
Say that a rescue party should see fit
To do us some honour, publish our diaries,
Send home the relics – how should we thank them?
The march is what we asked for; it is ended.
Still, let us war the flesh away and leave
Nothing for birds, anatomy to men.

sobre el cielo una nueva firma. Porque no
miré un arbusto de jardín, una capilla de tordos;
sino un árbol que, atrapando su pez
en las montañas del norte junto al sonido de los martillos,
daba sombra a la tarabilla y un recordatorio
de la castidad a los hombres: crecido venerable
dará su nombre a esa parte del país.
Era la segunda vez que apretabas
el gatillo oxidado para convocar a los rezagados.
Una vez más el pájaro avanza empacando, el esqueleto
pone los dientes en contra de una mayor desintegración.
¿Y qué podemos esperar de los que están atados,
aunque nos despojemos de la última certeza de carne
para la expedición, para poner nuestros huesos en alguna parte?
Di que un grupo de rescate debería considerarlo conveniente
para que nos hagan algún tipo de honor, como publicar nuestros diarios,
enviar las reliquias a casa – ¿cómo podríamos agradecerles?
La marcha es lo que pedimos; ha terminado.
Aún así, liberemos la carne y dejemos
nada para los pájaros, la anatomía para los hombres.

THE MAGNETIC MOUNTAIN

Part Three

Never yield before the barren.
D. H. Lawrence

16

Look west, Wystan, lone flyer, birdman, my bully boy!
Plague of locusts, creeping barrage, has left earth bare:
Suckling and centenarian are up in air,
No wing-room for Wystan, no joke for kestrel joy.

Sky-scrapers put high questions that quench the wind's breath,
Whose shadow still comes short of truth, but kills the grass:
Power-house chimneys choke sun, ascetic pylons pass
Bringing light to the dark-livers, charged to deal death.

Firework fêtes, love displays, levitation of dead,
Salvation writ in smoke will reassure the town,
While comfy in captive balloons easily brought down
Sit frail philosophers, gravity gone to the head.

LA MONTAÑA MAGNÉTICA

Parte Tres

Never yield before the barren.
D. H. Lawrence

16

¡Mira hacia el oeste, Wystan, volador solitario, hombre pájaro, mi pequeño
|matón!
Plaga de langostas, aluvión arrastrándose, ha dejado la tierra desnuda:
lactantes y centenarios están en el aire,
Wystan no tiene espacio para alas, no es broma para la alegría del halcón.

Los rascacielos hacen grandes preguntas que apagan el aliento del viento,
cuya sombra aún se queda corta de verdad, pero mata la hierba:
las chimeneas de las centrales eléctricas ahogan el sol, las torres de alta
|tensión.
trayendo luz a los cariñosos hígados, encargados de causar la muerte.

Fiestas de fuegos artificiales, demostraciones de amor, levitación de muertos,
la salvación escrita en humo tranquilizará a la ciudad,
cómoda en globos aerostáticos fácilmente derribables,
siéntense, frágiles filósofos, la gravedad se les subió a la cabeza.

Gain altitude, Auden, the let the base beware!
Migrate, chaste my krestel, you need a change of air!

¡Gana altitud, Auden, dejemos que la base quede segura!
¡Migra casto, halcón mío, necesitas un cambio de aire!

THE MAGNETIC MOUNTAIN

Part Three

18

Not hate nor love, but say
Refreshment after rain,
A lucid hour; though this
Need not occur again.

You shall no further feast
Your pride upon my flesh.
Cry for the moon: here's but
An instantaneous flash.

My wells, my rooted good
Go deeper than you dare:
Seek not my sun and moon,
They are centred elsewhere.

I know a fairer land,
Whose furrows are of fire,
Whose hills are pure metal
Shinging for all to share.

LA MONTAÑA MAGNÉTICA

Parte Tres

18

Ni odio ni amor, pero di
descanso después de la lluvia,
una hora lúcida; aunque esto
no es necesario que vuelva a ocurrir.

No celebrarás más
tu orgullo sobre mi carne.
Llora por la luna: aquí solo hay
un destello instantáneo.

Mis pozos y mi bien arraigado
avanzan más profundo de lo que te atreves:
no busques mi sol ni mi luna,
están localizados en otra parte.

Conozco una tierra más justa,
cuyos surcos son de fuego,
cuyas colinas son de puro metal
y que brillan para que todos las compartan.

And there all rivers run
To magnify the sea,
Whose waves recur for ever
In calm equality.

Hands off! The dykes are down.
This is no time for play.
Hammer is poised and sickle
Sharpened. I cannot stay.

Allí corren todos los ríos
para magnificar el mar,
cuyas olas se repiten para siempre
en serena igualdad.

¡Quita las manos! Los diques están caídos.
No tengo tiempo para jugar.
El martillo está preparado con una hoz
afilada. No puedo quedarme.

THE VOLUNTEER

Tell them in England, if they ask
What brought us to these wars,
To this plateau beneath the night's
Grave manifold of stars –

It was not fraud or foolishness,
Glory, revenge, or pay:
We came because our open eyes
Could see no other way.

There was no other way to keep
Man's flickering truth alight:
These stars will witness that our course
Burned briefer, not less bright.

Beyond the wasted olive-groves,
The furthest lift of land,
There calls a country that was ours
And here shall be regained.

Shine on us, memoried and real,
Green-water-silken meads:

EL VOLUNTARIO

Si preguntan, diles en Inglaterra
lo que nos trajo a estas guerras,
a este baldío tras la tumba de una noche
plagada de estrellas –

No fue engaño ni estupidez,
gloria, venganza o dinero:
vinimos porque nuestros ojos abiertos
no podían ver otro camino.

No había otro modo de mantener
la intermitente verdad de los hombres encendida:
esas estrellas atestiguarán que nuestra causa
ardió más breve, pero no menos brillante.

Más allá de los olivos devastados,
desde el más remoto levantamiento de tierra,
nos llama un país que era nuestro
y que aquí recobraremos.

Brilla para nosotros, real y evocada
agua-verde-hidromiel:

Rivers of home, refresh our path
Whom here your influence leads.

Here in a parched and stranger place
We fight for England free,
The good our fathers won for her,
The land they hoped to see.

ríos de la patria, refresquen el camino
a quienes aquí seguimos su caudal.

Aquí en un lugar extraño y árido,
luchamos por la libertad de Inglaterra,
por el bien que nuestros padres ganaron para ella,
por la tierra que ansiaron contemplar.

WHERE ARE THE WAR POETS?

They who in folly or mere greed
Enslaved religion, markets, laws,
Borrow our language now and bid
Us to speak up in freedom's cause.

It is the logic of our times,
No subject for immortal verse –
That we who lived by honest dreams
Defend the bad against the worse.

¿DÓNDE ESTÁN LOS POETAS DE LA GUERRA?

Ellos, que en la estupidez o mera avaricia
esclavizaron la religión, los mercados, las leyes
ahora toman prestado nuestro lenguaje y nos imponen
hablar a favor de la causa de la libertad.

Es la lógica de nuestros tiempos,
no es tema para un verso inmortal –
que quienes vivimos de sueños honestos
defendamos lo malo frente a lo peor.

THE POET

For me there is no dismay
Though ills enough impend.
I have learned to count each day
Minute by breathing minute –
Birds that lightly begin it,
Shadows muting its end –
As lovers count for luck
Their own heart-beats and believe
In the forest of time they pluck
Eternity's single leaf.

Tonight the moon's at the full.
Full moon's the time for murder.
But I look to the clouds that hide her –
The bay below me is dull,
An unreflecting glass –
And chafe for the clouds to pass,
And wish she suddenly might
Blaze down at me so I shiver
Into a twelve-branched river
Of visionary light.

EL POETA

Para mí no hay consternación
aunque los males se aproximan bastante.
He aprendido a contar cada día
minuto por minuto de respiración –
pájaros que a la ligera comienzan con esto,
sombras que silencian su final –
como los amantes cuentan para la suerte
sus propios latidos y creen
en el bosque del tiempo y arrancan
la única hoja de eternidad.

La luna está llena esta noche.
La luna llena es la hora del asesinato.
Pero miro a las nubes que la esconden –
la bahía debajo de mí es opaca,
un vidrio irreflexivo –
y me irrita que pasen las nubes,
porque desearía que de repente
me fulminara, así me estremezco
en un río de doce brazos
de luz visionaria.

For now imagination,
My royal, impulsive swan,
With raking flight – I can see her –
Comes down as it were upon
A lake in whirled snow-floss
And flurry of spray like a skier
Checking. Again I feel
The wounded waters heal.
Never before did she cross
My heart with such exaltation.

Oh, on this striding edge,
This hare-bell height of calm
Where intuitions swarm
Like nesting gulls and knowledge
Is free as the winds that blow,
A little while sustain me,
Love, till my answer is heard!
Oblivion roars below,
Death's cordon narrows: but vainly,
If I've slipped the carrier word.

Dying, any man may
Feel wisdom harmonious, fateful
At the tip of his dry tongue.

Por ahora imaginación,
mi cisne real, impulsivo,
con vuelo rasante – puedo verla ahora –
desciende, por así decirlo,
un lago envuelto en un hilo de nieve
una ráfaga de rocío como la de un esquiador
por la corriente. Otra vez siento
que las aguas heridas se curan.
Nunca antes ella cruzó
mi corazón con tanta exaltación.

Oh, en este borde dando pasos,
en esta campánula, altura de la calma,
donde las intuiciones revolotean
como gaviotas nidificantes y el conocimiento
es libre como los vientos que soplan,
¡por un pequeño rato sosténme,
amor, hasta que se escuche mi respuesta!
El olvido ruge abajo,
el cordón de la muerte se estrecha: pero en vano,
si se escapa la palabra portadora.

Al morir, cualquier hombre puede
sentir la sabiduría armoniosa, fatídica,
en la punta de su lengua seca.

All I have felt or sung
Seems now but the moon's fitful
Sleep on a clouded bay,
Swan's maiden flight, or the climb
To a tremulous, hare-bell crest.
Love, tear the song from my breast!
Short, short is the time.

Todo lo que he sentido o cantado
aparece ahora, pero la luna es intermitente
duerme en una bahía nublada,
en el vuelo inaugural del cisne, o en el ascenso
a la trémula cresta de la campánula.
¡Amor, arranca la canción de mi pecho!
Escaso, el tiempo es escaso.

ANGEL

We thought the angel of death would come
As a thundering judge to impeach us,
So we practised an attitude of calm or indignation
And prepared the most eloquent speeches.

But when the angel of death stepped down,
She was like a spoilt girl in ermine:
She tipped a negligent wing to some
And treated the rest as vermin.

Now we have seen the way she goes on,
Our self-possession wavers:
We'd fear a hanging judge far less than
That bitch's casual favours.

ÁNGEL

Pensamos que vendría el ángel de la muerte
como juez atronador para acusarnos,
entonces practicamos una actitud de calma e indignación
y preparamos los discursos más elocuentes.

Pero cuando el ángel de la muerte bajó,
era como una niña malcriada en armiño:
inclinó un ala negligente sobre algunos
y al resto los trató como alimañas.

Ahora que hemos visto la forma en que ella sigue,
nuestro dominio de sí mismo vacila:
temeríamos muchos menos a un juez de la horca
que a los casuales favores de esa perra.

LIDICE

Not a grave if the murdered for freedom but grows seed for freedom.
Walt Whitman

Cry to us, murdered village. While your grave
Aches raw on history, make us understand
What freedom asks of us. Stengthen our hand
Against the arrogant dogmas that deprave
And have no proof but death at their command.

Must the innocent bleed for ever to remedy
These fanatic fits that tear mankind apart?
The pangs we felt from your atrocious hurt
Promise a time when even the killer shall see
His sword is aimed at his own naked heart.

LÍDICE

Not a grave if the murdered for freedom but grows seed for freedom.
Walt Whitman

Llora por nosotros, pueblo asesinado. Mientras tu tumba
duele en crudeza en la historia, haznos entender
lo que nos pide la libertad. Fortalece nuestra mano
contra los arrogantes dogmas que depravan
y que no tienen más pruebas que la muerte a su disposición.

¿Deben los inocentes sangrar por siempre para remediar
estos fanáticos ataques que desgarran a la humanidad?
Las punzadas que sentimos por la atrocidad de tu dolor
prometen un tiempo en el que incluso el asesino verá
su espada apuntada a su propio corazón desnudo.

PERSEUS RESCUING ANDROMEDA: PIERO DI COSIMO

It is all there. The victim broods,
Her friends take up the attitudes
    Right for disaster;
The winsome rescuer draws his sword,
While from the svelte, impassive fjord
Breaches terrific, dense and bored
    The usual monster.

When gilt-edged hopes are selling short,
Virtue's devalued, and the swart
    Avenger rises,
We know there'll always be those two
Strolling away without a clue
Discussing earnestly the view
    Or fat-stock prices.

To either hand the crisis throws
Its human quirks and gestures. Those
    Are not essential.
Look rather at the oafish Dread,
The cloud-man comes to stroke it dead,

PERSEO RESCATA A ANDRÓMEDA: PIERO DI COSIMO

Todo está ahí. La víctima cavila,
sus amigos adoptan la actitud
    apropiada para el desastre;
el socorrista encantador desenvaina su espada,
mientras desde el esbelto, impasible fiordo
irrumpe terrorífico, denso y aburrido
    el monstruo de siempre.

Cuando las esperanzas se venden sin garantía,
la virtud está devaluada, y el oscuro
    vengador se alza,
sabemos que siempre estarán esos dos
caminando hacia lo lejos despistados
discutiendo solemnemente acerca del paisaje
    o sobre el alza de precios del ganado.

En ambos costados, la crisis muestra
los gestos y las rarezas humanas. Aquello
    que no es esencial.
Mira más bien a la bestia desprevenida,
el hombre-nube le dará una estocada mortal,

Armed with a sword and gorgon's head –
     Magic's credentials.

White on the rocks, Andromeda.
Mother had presumed too far.
     The deep lost patience.
The nightmare ground its teeth. The saviour
Went in. A winning hit. All over.
Parents and friends stood round to offer
     Congratulations.

But when the vast delusions break
Upon you from the central lake,
     You'll be less lucky.
I'd not advise you to believe
There's a slick op. to end your grief
Or any nick-of-time reprieve.
     For you, unlikely.

armado con espada y cabeza de gorgona –
    sus credenciales mágicas.

Pálida en las rocas, Andrómeda.
La madre había presumido demasiado.
    El abismo perdió la paciencia.
La pesadilla apretó los dientes. El salvador
entró en escena. Una estocada victoriosa. Así de simple.
Los padres y los amigos lo rodean para ofrecer
    felicitaciones.

Pero cuando los grandes delirios irrumpan
sobre ti desde el lago central,
    no tendrás tanta suerte.
No te aconsejo creer
que una quirúrgica sutura acabará con tu dolor
ni un indulto de última hora.
    Para ti, improbable.

229

✻

Final Instructions (Cecil DAY-LEWIS, *Poems of C. Day-Lewis, 1925-1972*, London: J. Cape, 1977, pp. 216-217 | Traducción: Rodrigo Arriagada Zubieta)

Walking Away (Cecil DAY-LEWIS, *Poems of C. Day-Lewis, 1925-1972*, London : J. Cape, 1977, p. 234 | Traducción: Rodrigo Arriagada Zubieta)

Epilogue | Letter to W. H. Auden (Cecil DAY-LEWIS, *Collected poems, 1904-1972*, London : J. Cape, 1961, pp. 76-77 | Traducción: Juan Arabia)

The Magnetic Mountain | Part Three | 16 (Cecil DAY-LEWIS, *Collected poems, 1904-1972*, London : J. Cape, 1961, p. 97 | Traducción: Juan Arabia)

The Magnetic Mountain | Part Three | 18 (Cecil DAY-LEWIS, *Collected poems, 1904-1972*, London : J. Cape, 1961, p. 99 | Traducción: Juan Arabia)

The Volunteer (Cecil DAY-LEWIS, *Collected poems, 1904-1972*, London : J. Cape, 1961, pp. 190-191 | Traducción: Rodrigo Arriagada Zubieta)

Where are the War Poets (Cecil DAY-LEWIS, *Collected poems, 1904-1972*, London: J. Cape, 1961, p. 228 | Traducción: Rodrigo Arriagada Zubieta)

The Poet (Cecil DAY-LEWIS, *Collected poems, 1904-1972*, London : J. Cape, 1961, pp. 223-224 | Traducción: Juan Arabia)

Angel (Cecil DAY-LEWIS, *Collected poems, 1904-1972*, London : J. Cape, 1961, p. 229 | Traducción: Juan Arabia)

Lidice (Cecil DAY-LEWIS, *Collected poems, 1904-1972*, London : J. Cape, 1961, p. 230 | Traducción: Juan Arabia)

Perseus Rescuing Andromeda: Piero di Cosimo (Cecil DAY-LEWIS, *Collected poems, 1904-1972*, London : J. Cape, 1961, pp. 342-343 | Traducción: Rodrigo Arriagada Zubieta)

W. H. Auden, Cecil Day-Lewis & Stephen Spender

← W. H. Auden, St. Mark's Place, New York, March 3,
1960. Photograph by Richard Avedon / © The Richard
Avedon Foundation

Stephen Spender

Mark Gerson: The Faber Poets (1961)
Louis MacNeice, T. S. Eliot, Ted Hughes, W. H. Auden & Stephen Spender

Louis McNeice | Photo by Kurt Hutton/Picture Post/Hulton Archive/Getty Image

Cecil Day-Lewis

Juan Arabia (Buenos Aires, 1983) es poeta, traductor y crítico literario. Entre sus títulos más recientes se encuentran: *Il Nemico dei Thirties* (Samuele Editore, Collana Scilla, 2017), *Desalojo de la naturaleza* (Buenos Aires Poetry, 2018), *L'Océan Avare* (Al Manar, Voix Vives de Méditerranée en Méditerranée, 2018), *The Bund* (Buenos Aires Poetry, 2020) y *Hacia Carcassonne* (Pre-Textos, 2021). Titulado de la Facultad de Ciencias Sociales de la Universidad de Buenos Aires, fundador y director del proyecto cultural y literario *Buenos Aires Poetry*, además es crítico literario en el Suplemento de Cultura del Diario *Perfil* y en *Revista Ñ* de Diario *Clarín*. Tras la publicación de *El Enemigo de los Thirties* (2015), premiado en Francia, Italia y Macedonia, participó en varios festivales de poesía en Latinoamérica, Europa y China. En el 2018 fue invitado al festival de poesía en Francia (Sète) *Voix Vives* en representación de Argentina, así como participó del encuentro «Poetry Comes to Museum LXI», auspiciado por el Shanghai Minsheng Art Museum, de 2019, siendo el segundo poeta latinoamericano en ser invitado. Ha traducido obras de Ezra Pound, Arthur Rimbaud, Dylan Thomas y Dan Fante, entre otros.

Rodrigo Arriagada-Zubieta (Viña del Mar, Chile, 1982), es un poeta, traductor y crítico literario chileno. Es Licenciado en Humanidades por la Universidad Adolfo Ibáñez, Viña del Mar, Chile; Magister en Literatura por la Universidad del Desarrollo, Santiago de Chile y Doctorando en Literatura Hispanoamericana por la Universidad Complutense de Madrid. En la actualidad es el Director de la Colección "Pippa Passes" de la Revista y Editorial *Buenos Aires Poetry*, Argentina. Reside en Alicante, España. Su actividad artística se centra en temáticas propias de la modernidad estética: la ciudad, el paseante, la mirada, la memoria, el extrañamiento y la crisis de la experiencia.

Ha publicado la trilogía conformada por *Extrañeza* (2017), *Hotel Sitges* (2018), *Zubieta* (2020), y recientemente *El Greco* (2021). Además ha sido antologado en Chile por la Editorial Santiago Inédito, bajo el título *Una Temporada en la Cabeza* (2020). Como traductor publicó Cutty Sark: *Poesía Escogida* (2020) del poeta norteamericano Hart Crane.

~
Nuevos Versos y Canciones,
Arthur RIMBAUD

Trad. Juan Arabia

~
Un Gin-meando...,
Dan FANTE

Trad. Juan Arabia

~
Defensa del ídolo,
Luis Omar CÁCERES

~
Lustra,
Ezra POUND

Trad. Juan Arabia

~
Exultations,
Ezra POUND

Trad. Juan Arabia

~
*POESÍA
BEAT*

~
Rimas,
Guido CAVALCANTI

Trad. Jorge Aulicino

~
Poemas Escogidos + Manifiesto Feminista,
Mina LOY

Trad. Camila Evia

~
Cutty Sark (Poesía Escogida)
Hart CRANE

Trad. Rodrigo Arriagada Zubieta

~
Cathay,
Ezra POUND

Trad. Juan Arabia

~
BLAST!,
Ezra POUND

Trad. Juan Arabia

Colección Abracadabra

Junio 2021
Impreso en Buenos Aires,

Buenos Aires Poetry
www.buenosairespoetry.com